Superguia de
NOVA YORK
COMPRAS, PASSEIOS E GASTRONOMIA

Leonardo Schulmann

Superguia de NOVA YORK
COMPRAS, PASSEIOS E GASTRONOMIA

MATRIX

© 2014 – Leonardo Schulmann
Direitos em língua portuguesa para o Brasil:
Matrix Editora – Tel.: (11) 3868-2863
www.matrixeditora.com.br

Diretor editorial
Paulo Tadeu

**Projeto gráfico,
capa e diagramação**
Daniela Vasques

Preparação de textos
Mariana Payno

Revisão
Adriana Wrege
Andréa Medeiros

Fotos
Leonardo Schulmann (páginas: 11, 123, 125, 144, 145, 153, 155 a 157, 188, 190, 192, 194, 197, 198, 220, 231, 233, 241, 244 a 246) / Tabata Resende (página 232) / www.freeimages.com (demais fotos)

Ilustrações
www.freepik.com / www.flaticon.com

Dados Internacionais de Catalogação na Publicação (CIP)
SINDICATO NACIONAL DOS EDITORES DE LIVROS, RJ.

Schulmann, Leonardo
 Superguia de Nova York / Leonardo Schulmann. - 1. ed. - São Paulo: Matrix, 2014.
264 p. ; 18 cm.

 ISBN 978-85-8230-145-6

 1. Nova Iorque (Estados Unidos: Estado) - Descrições e viagens - Guias. I. Título.
14-13891
                                                            CDD: 917.471
                                                            CDU: 913(734.7)

Dedicatória
*Ao meu pai, que sempre
me levou às nuvens, e à minha
mulher, Patrícia, que sempre
me buscou de volta.*

Sumário

Chegada.....9
Transporte.....9
Pequenas compras de mantimentos.....12
feriados nacionais.....13
Contatos úteis.....14

Hotéis.....15
Andando pela cidade.....25
Central Park.....31
Templos e monumentos.....37
Museus.....49
Crianças.....57
Espetáculos e cinemas.....61
Festivais e paradas.....65

Comer e beber.....73
Cafés.....74
Brunch.....76
Delis e Comidinhas.....78
Restaurantes.....80
Hambúrguer.....95
Guloseimas.....97
Orgânicos.....102
Bares.....102
Comida judaica.....104

Shopping.....109
Lojas de departamento.....109
Lojas populares.....124
Vestuário.....129
Lingerie e moda praia.....180
Noivas e gestantes.....183
Acessórios e joias.....185
Cosméticos e farmácias.....207
Esportes.....224
Crianças.....228
Bichinhos de estimação.....235
Casa, décor e culinária.....236
Eletrônicos e fotografia.....240
Livrarias.....246
Papelarias.....248
Fumo.....252
Lojas especiais.....253
Outlets e shoppings.....255
Leilões.....260

CHEGADA

TRANSPORTE

Você pode chegar a Nova York por dois aeroportos internacionais: o John F. Kennedy (JFK) – um dos principais dos Estados Unidos e onde a maioria das companhias aéreas brasileiras aterrissa – e o Newark Liberty International Airport, ambos com boa estrutura de locomoção para Manhattan. Já os voos domésticos ou com conexão para outros destinos pousam no aeroporto LaGuardia, mais próximo ao distrito, porém com menos opções de transporte. Os três aeroportos oferecem serviços como táxis (*yellow cabs*), vans (*supershuttle*) ou limusines (chamadas de *sedan*).

CHEGADA

Táxis. Sempre haverá uma fila para os táxis, monitorada por funcionários uniformizados, e você saberá de antemão o preço final da corrida. Cuidado: também existem táxis piratas, que são, na maioria das vezes, oferecidos na área de desembarque do aeroporto. Esse tipo de serviço é ilegal e não oferece segurança aos passageiros.

Vans. As vans, conhecidas como *supershuttle*, podem ser contratadas para trajetos só de ida ou de ida e volta, inclusive pela internet (www.supershuttle.com). Apesar de ser mais barata, se comparada ao táxi, essa opção é mais demorada, porque o motorista espera até ter um número razoável de passageiros para partir. Outra desvantagem é que a van deixa os passageiros de porta em porta, e você pode ser um dos primeiros ou um dos últimos a saltar. É possível acertar o valor da corrida antecipadamente pelo site, e quem compra o bilhete de ida e volta obtém um desconto maior. Os preços variam de aeroporto para aeroporto. Por exemplo, a ida do JFK até a 45th St. sai por aproximadamente US$ 20.

CHEGADA

Limusines. Para quem procura um serviço mais luxuoso, existem empresas especializadas em transporte por limusines (Cadillac, minivans e SUVs). Ideal para duas ou mais pessoas com maior quantidade de bagagem, o preço não difere muito daquele dos táxis comuns – a reserva sai por aproximadamente US$ 70, com pedágio e gorjeta incluídos. Os carros com motorista podem ser contratados e pagos pela internet ou reservados diretamente no guichê do hotel. São três as principais companhias recomendadas, mas há também empresas e motoristas autônomos indicados pelos hotéis:
- Carmel – www.carmellimo.com – 212-666-6666
- Dial 7 – www.dial7.com – 212-777-7777 ou 800-222-9888
- Tel-Aviv – www.telavivlimo.com – 800-222-9888

CHEGADA

PEQUENAS COMPRAS DE MANTIMENTOS

Ter comidinhas no quarto do hotel é sempre aconselhável para quando surge aquela fome inesperada, mas o viajante pode encontrar problemas na conservação dos alimentos, pois geralmente apenas os hotéis com mais de quatro estrelas têm frigobar.

Em geral, os alimentos são muito caros em Manhattan, e são vendidos em pequenas e luxuosas *delis*. Por isso, o segredo é fazer compras assim que chegar a Nova York. Nesse caso, os melhores lugares e de mais fácil acesso são o Kmart e a Jack's 99c.

Kmart. Com três andares, o supermercado vende brinquedos, vestuário adulto e infantil, malas, equipamentos esportivos, panelas, talheres e eletrodomésticos. Lá você também encontra muitas guloseimas, e o preço dos alimentos é bem acessível. *250 W. 34th St. – 770 Broadway. Aberto todos os dias das 8h às 22h.*

Jack's 99¢ Stores. Famosa pelos preços módicos, a rede oferece enlatados, conservas, diversas marcas de chocolates e biscoitos, bastante variedade de pães frescos, material de higiene pessoal, brinquedos e objetos para casa. Com vários funcionários espalhados pela loja, o atendimento é rápido e atencioso. *110 W. 32nd St. – 16 E. 40th St. – 45 W. 45th St.*

FERIADOS NACIONAIS
Confira o calendário e saiba se você chegou aos Estados Unidos durante um feriado nacional.

1º de janeiro – New Year's Day
Terceiro domingo de janeiro – Martin Luther King Day
12 de fevereiro – Lincoln's Birthday
Terceira segunda-feira de fevereiro – Washington's Birthday
Terceiro domingo de abril – Patriot's Day (Massachusetts)
Última segunda-feira de maio – Memorial Day
4 de julho – Independence Day
Primeira segunda-feira de setembro – Labor Day
Segunda segunda-feira de outubro – Columbus Day
11 de novembro – Veterans Day
4 de novembro – Thanksgiving
25 de dezembro – Christmas Day

CONTATOS ÚTEIS
Consulado brasileiro
PABX: (917) 777-7777
Fax: (212) 827-0225
Plantão Consular (finais de semana e feriados): 1-917-417-8662
ou 1-917-417-8097
E-mail geral: cg.novayork@itamaraty.gov.br

Polícia, Bombeiros e Ambulância
Em caso de emergência, ligue 911.

Acessibilidade
Scootaround, empresa especializada em aluguel de cadeira de rodas.
1-888-441-7575
www.scootaround.com

HOTÉIS

Atenção!
As diárias dos hotéis em Nova York são acrescidas de 14,75% de impostos mais uma taxa de US$ 3,50 por dia.

Dica
Deixe de US$ 5 a US$ 10 por dia para a camareira. A gorjeta demonstra respeito ao trabalho e reconhecimento.

Chelsea Hotel. Construído em 1884, o Chelsea foi recanto da contracultura nos anos 1960 e já hospedou Jimi Hendrix, Janis Joplin, Andy Warhol, Patti Smith, Joni Mitchell e Allen Ginsberg, entre outros. As paredes são cobertas por obras de arte doadas pelos ilustres frequentadores, e a vista mostra o Chrysler Building e o Empire State. A localização é boa, com fácil acesso ao metrô, mas o preço da diária *(a partir de US$ 150)* não compensa as acomodações: os quartos são velhos, sem Wi-Fi gratuito e nem todos têm banheiro privativo. *222 W 23rd St. – www.hotelchelsea.com*

Comfort Inn Chelsea. Construído em 1901, foi adquirido pelo grupo Comfort Inn em 2006. Os quartos são pequenos e velhos, mas ideais para quem viaja com pouco dinheiro. Vale a pena abrir mão do conforto pelo preço *(diárias a partir de US$ 150). 46 W. 17th St. – www.comfortinn.com*

HOTÉIS

Four Seasons Hotel New York. Já abrigou famosos como Martha Stewart, Barbara Walters e Henry Kissinger e até a festa de aniversário do presidente Kennedy. Projetado pelo arquiteto I. M. Pei, o mesmo da pirâmide do museu do Louvre, em Paris, o Four Seasons de Nova York possui quartos realmente luxuosos e o maior número possível de janelas com vista. O spa é excelente, assim como o restaurante, L'atelier de Joel Robuchon – peça o ouriço-do-mar com geleia de lagosta, o ravióli de *foie gras* ou o lagostim crocante. A desvantagem do Four Seasons são as taxas para o uso de internet. As diárias custam a partir de US$ 950. *57 E. 57th St. nr. Park Ave. – www.fourseasons.com*

Hotel Crowne Plaza Times Square. Reformado recentemente, tem quartos espaçosos, com diárias a partir de US$ 350. A vista é incrível, e a localização, no centro da Times Square, é ótima para quem curte agitação. *Broadway at 49th St. – www.cpmanhattantimessquare.com*

Hotel Gansevoort Meatpacking NYC. Um dos mais falados dos últimos tempos, está localizado no centro do bairro de Meatpacking District, a região do momento, com lojas e restaurantes descolados. Badalado e sempre cheio, o hotel é perfeito para quem está viajando sozinho ou com amigos. Na cobertura, fica o bar Plunge, com piscina e uma vista deslumbrante para a cidade e o Rio Hudson. Vale a pena curtir o pôr do sol com drinques no terraço. Apesar de seguir o conceito de hotel butique, com foco na experiência dos hóspedes fora do quarto, o Gansevoort

HOTÉIS

Meatpacking tem acomodações confortáveis. As diárias custam a partir de US$ 300. *9th Ave. nr. 13th St.– www.hotelgansevoort.com*

Hotel Le Parker Meridien. São mais de 700 quartos luxuosos, e os serviços oferecidos compensam o valor um pouco mais elevado da diária *(a partir de US$ 500)*. O hotel possui spa, piscina na cobertura e dois ótimos restaurantes, o Norma's e o Burger Joint, reconhecido como o melhor hambúrguer nova-iorquino. *118 W. 57th St. nr. Sixth Ave – www.parkermeridien.com*

Hotel Sofitel New York. Os quartos são muito pequenos, e encontrar uma boa acomodação entre as quase 400 suítes é como ganhar na loteria. Porém, o desafio vale pela localização, a alguns quarteirões da Times Square, e pelo serviço excelente. Se não quiser comer no hotel, há um restaurante grego bem em frente (o Kellari Taverna) e o excelente DB Bistrô também está nas redondezas. Uma desvantagem é que a internet no quarto não está inclusa na diária *(a partir de US$ 400)*. *45 W. 44th St. – www.sofitel.com*

Hotel The Algonquin. Construído em 1902, o hotel tem uma forte tradição literária – era *point* de escritores como Dorothy Parker, George Kaufman e Robert Sherwood e ainda conserva citações de autores na porta dos quartos *(a partir de US$ 400 a diária, com café da manhã incluso)*. É próximo ao tradicional clube Blue Note, onde dá para curtir uma noite de jazz. *59 W. 44th St., entre 5th Ave. e 6th Ave. – www.algonquinhotel.com*

HOTÉIS

Hotel Wolcott. Centenário, o Wolcott tem ares antigos e um preço modesto. Dependendo da época ou do site de *booking*, a diária fica entre US$ 130 e US$ 300, com café da manhã incluso. O *staff* é muito atencioso e a localização é privilegiada, perto da Fifth Avenue, do Empire State e da estação Penn Station do metrô. Apesar das diárias baratas, o hotel cobra US$ 10 por dia pelo acesso à internet. *4 W. 31th St. – www.wolcott.com*

Hudson Hotel. Depois de passar pela porta de entrada iluminada e colorida, projeto do arquiteto Philippe Starck, você sobe uma escada rolante e tem acesso ao hotel e à sua maior atração: o inusitado bar Library, que imita uma biblioteca, com estantes que vão do chão ao teto. Vale a pena conhecer o bar. Já as acomodações, com preços a partir de US$ 300, apesar da qualidade, não têm nenhum diferencial. *356 W. 58th St. nr. 9th Ave. – www.hudsonhotel.com*

La Quinta Manhattan. O La Quinta Manhattan fica em Korea Town, ao lado do Empire State. Os quartos são pequenos e um pouco escuros, mas o preço da diária *(a partir de US$ 200)* vale a pena pela localização central. *17 W. 32nd St. – www.lq.com*

Loews Regency Hotel. É um pequeno e sofisticado hotel localizado na nobre Park Avenue. Ideal para casais, fica a apenas dois quarteirões do Central Park e a poucos minutos do Rockefeller Center. A casa, com diárias a partir de US$ 400, ainda conta com um pequeno restaurante, concierge 24 horas, academia e Wi-Fi na área comum *(US$ 15 por dia). 540 Park Ave. – www.loewshotels.com/Regency-Hotel*

Mandarin Oriental New York. Com quase 300 quartos e uma vista maravilhosa para o Central Park e o Rio Hudson, o Mandarin Oriental de Nova York é repleto de celebridades – tanto no hotel quanto na loja Whole Foods, que fica no andar térreo. É bem caro *(diárias entre US$ 700 e US$ 15 mil),* mas os quartos são superluxuosos e o prédio ainda possui um maravilhoso spa e um complexo da Warner, com lojas e restaurantes ótimos. Um deles, o Asiate, no 35º andar, vale a pena pela culinária asiática do chef Brandon Kida e pela vista excepcional da cidade (melhor para ser apreciada de dia do que durante a noite). O *breakfast* do Asiate custa em média US$ 30 por pessoa, e as refeições, a partir de US$ 95. *80 Columbus Circle at 60th St. – www.mandarinoriental.com/newyork*

Morgans Hotel. Empreendimento do hoteleiro Ian Schrager, o Morgans foi inaugurado em 1985, com um projeto arquitetônico minimalista de Andree Putman. Como em um bom hotel butique, não falta conforto, com Wi-Fi grátis e quartos bem espaçosos para o padrão nova-iorquino *(diárias a partir de US$ 300).* Fica a quatro quadras da Grand Station, e o café da manhã é servido na cobertura com vista para o Empire State. *237 Madison Ave. nr. 37th St. – www.morganshotelgroup.com*

Park Lane Hotel. Localizado bem em frente ao Central Park e a poucos minutos de caminhada do Museu de Arte Moderna de Nova York e da Radio City. O café da manhã não está incluído na diária *(a partir de US$ 300)*, o que acaba se tornando uma ótima oportunidade para conhecer as opções de brunch que a região oferece. Um superatrativo do Park Lane é o concierge, que sempre consegue reservas em bons restaurantes – até mesmo quando já estão lotados. *36 Central Park South – www.parklanenewyork.com*

Hotel Pennsylvania. Um dos hotéis preferidos das agências de viagem, tem mais de 1700 quartos, o que significa vaga o ano todo. O serviço não é dos melhores, mas as diárias *(a partir de US$ 250 com café da manhã)* valem a pena pela localização, em frente à Madison Square e à Penn Station. *401 7th Ave. – www.hotelpenn.com*

Plaza. Consagrado pela história e pelo cinema hollywoodiano, o mítico prédio de 1907 passou por uma reforma milionária em 2005, que transformou seus 805 aposentos originais em 282 quartos e 181 apartamentos, vendidos a no mínimo US$ 3 milhões e chegando até a mais de dez vezes esse valor. A hospedagem diária sai por preços entre US$ 775 e US$ 20 mil. Os quartos mais baratos seguem o modelo clássico, sem muito luxo. Por isso, hospedar-se nesse hotel só vale a pena se for para ficar, pelo menos, no quarto intermediário. A vizinhança é uma vantagem, com bons restaurantes, as lojas da Apple e das principais grifes de moda e o Central Park. A despeito da fama criada pelos frequentadores ilustres do passado, como F. Scott Fitzgerald e Ernest Hemingway, o Plaza é caro e démodé, e a quantidade de hóspedes e visitantes é tão grande que acaba com o glamour. *768 5h Ave. at Central Park South – www.theplaza.com*

HOTÉIS

Roosevelt Hotel. A localização é excelente, próxima ao metrô, e o quarto acomoda bem duas pessoas com bastante bagagem. O prédio, construído em 1924 e reformado no final da década de 1990, tem mais de mil quartos com um custo-benefício bastante convidativo *(a partir de US$ 300 a diária). 45 E. 45th St. nr. Madison Ave. – www.therooseveltthotel.com*

The Avalon. Cheio de vantagens e com funcionários bem preparados, o The Avalon oferece quartos maiores do que a média dos hotéis de Nova York, com hidromassagem e frigobar *(diárias por US$ 300, em média)*. O lobby dispõe de computadores com internet, chá, café e chocolate 24 horas, e você pode receber encomendas sem pagar taxas, diferentemente de outros hotéis da cidade. Localizado na Rua dos Coreanos, fica próximo à famosa iogurteria Pink Berry, ao restaurante e bistrô Artisanal e ao Empire State. *16 E 32nd St. – www.avalonhotelnyc.com*

The Carlyle, A Rosewood Hotel. A primeira coisa que você deve saber sobre esse hotel é que Woody Allen toca em seu café às segundas-feiras *(couvert de US$ 50 a US$ 150 e traje social obrigatório)*. Frequentado por celebridades, o luxo e a sofisticação se destacam até no quarto mais barato *(diárias a partir de US$ 700). 35 E 76th St. at Madison Ave. – www.thecarlyle.com*

The Gershwin Hotel. O preço da diária não é dos mais altos *(a partir de US$ 250)* e o hotel possui uma deli 24 horas, mas os quartos são velhos e nem todos têm banheiro

HOTÉIS

próprio. Nesse caso, vale a pena avaliar o custo-benefício do conforto. *7 E. 27th St. – www.gershwinhotel.com*

The Jane Hotel. Conhecido como o hotel que abrigou os sobreviventes do naufrágio do Titanic em 1912, o The Jane Hotel é considerado três estrelas. Os aposentos são minúsculos, e os preços, bem populares *(a partir de US$ 115 a diária, acrescida de taxas de US$ 3 a US$ 5 por dia)*. Com camas individuais e banheiros compartilhados, os 150 primeiros quartos foram inspirados em cabines de trens de luxo e oferecem um conforto relativo, com TV LCD, tocador de iPod, despertador e telefone. Os outros 40 quartos são mais espaçosos, com Wi-Fi gratuito, banheiro privativo e vista para o mar *(US$ 300 a diária). 113 Jane St. nr. West St.– www.hejanenyc.com*

The Maritime Hotel. A vista para o Rio Hudson e o tema marítimo causam a impressão de que os quartos, de janelas redondas, são cabines de navio. As suítes oferecem Wi-Fi grátis e produtos Bigelow (a farmácia mais antiga de Nova York) nos banheiros. No mezanino, fica o restaurante italiano La Bottega e o Hiro, um clube que recebe celebridades com frequência. As diárias saem por pelo menos US$ 400, e a desvantagem é a ausência de serviço de quarto. *363 W. 16th St. – www.themaritimehotel.com*

The Standard High Line. Localizado no Meatpacking, o bairro mais descolado da cidade, é cortado pelo parque suspenso High Line e tem quartos moderninhos, apesar de pequenos para duas pessoas *(diárias a partir de*

US$ 400). Quanto mais alto o andar, mais bonita a vista, que é panorâmica no terraço. O hotel ainda abriga a *steak house* Standard Grill e a casa noturna Boom Boom Room, balada imperdível para quem se hospeda lá. O problema está na dificuldade de conseguir um bom quarto, porque o hypado The Standard está sempre muito cheio. *848 Washington St., at W.13th St. – www.standardhotels.com*

Trump International Hotel & Tower. Quase metade dos 167 quartos do Trump International não vale a pena pelo preço *(a partir de US$ 600),* mas há duas suítes que são inigualáveis: dão direito a um mordomo e um concierge, uma jacuzzi e uma janela que vai do chão ao teto, com um telescópio para curtir a vista. Quem contratar esse serviço também pode encomendar um jantar do disputado restaurante Jean-Georges, servido no quarto – o ideal é fazer a reserva com três dias de antecedência. *1 Central Park West, at Columbus Circle. – www.trumpintl.com*

Waldorf-Astoria. Construído originalmente em 1893, no endereço do Empire State, na Fifth Avenue, esse luxuoso prédio já abrigou hóspedes célebres como a atriz Marylin Monroe e o duque e a duquesa de Windsor. Em 1931, foi erguida a sede atual do hotel, que ocupa um quarteirão inteiro da Park Avenue. Apesar de cinco estrelas, o Waldorf apresenta os problemas usuais de grandes hotéis, como filas nos elevadores. Além da casa principal, possui duas enormes torres secundárias, e você encontra diárias a partir de US$ 300 em sites de booking. *301 Park Ave. nr. 49th St. – www.waldorf.com*

HOTÉIS

Washington Square Hotel. O que um dia foi a casa de Bob Dylan é hoje um hotel com 150 quartos pequenos, mas confortáveis, com cofre, armário e internet. Localizado no Village, não é muito luxuoso, mas o valor da diária *(a partir de US$ 300)* compensa a estadia. *103 Waverly Place – www.washingtonsquarehotel.com*

Dica.
Alguns sites podem ajudar na busca pelo hotel perfeito para você, seja com avaliações, ofertas ou reservas online: www.yelp.com – www.tripadvisor.com – www.priceline.com – www.orbitz.com – www.expedia.com.br – www.booking.com – www.hoteis.com

Curiosidade. *Ian Schrager, além de ser o criador do conceito de hotel butique, muito popular em Nova York, foi o dono do famoso Studio 54, que tinha como frequentadores ninguém menos do que Andy Warhol, Mick Jagger, Bianca Jagger e Truman Capote. O empresário foi denunciado por sonegação fiscal, teve seus bens vendidos e ficou preso por três anos e meio. Com o pouco dinheiro que lhe sobrou após a prisão, comprou o Hotel Executive e o transformou no bem-sucedido Morgans, em 1984. Inaugurou também o Paramount Hotel Century e outros negócios do Morgans Hotel Group (também conhecido como Ian Schrager Hotels), uma rede de hotéis dos Estados Unidos. Em 2005, se desfez do Schrager Morgans Hotel Group para fundar a Ian Schrager Company e atualmente está presente na construção civil, sendo responsável por parte do moderno prédio residencial 40 Bond St.*

ANDANDO PELA CIDADE

REGIÕES DE NOVA YORK
Downtown – região abaixo da 1st St.
Village – entre a 1st St. e a 14th St.
Chelsea – entre a 14th St. e a 34th St.
Midtown – entre a 34th St. e a 59th St.
Upper West Side – entre a 59th St. e a 110th St., a oeste da Fifth Avenue.
Upper East Side – entre a 59th St. e a 110th St., a leste da Fifth Avenue.
Harlem – *entre a 110th St. e a 145th St.*

ANDANDO PELA CIDADE

CHEGANDO A MANHATTAN

Para sair ou chegar a Manhattan passamos por túneis ou pelas seguintes pontes: Brooklyn Bridge – Williamsburg Bridge – **Manhattan Bridge** – Queensboro Bridge – George Washington Bridge.

TRANSPORTE PÚBLICO

Metrô. Ótima opção de transporte público, o metrô de Nova York é rápido e dá acesso a inúmeros pontos da cidade. Quase todas as linhas funcionam 24 horas. Fique atento, pois nem todas as estações vendem bilhetes, e as que não têm bilheteria podem ou não possuir maquininhas automáticas para emissão de passagens. Por isso, vale a pena adquirir um MetroCard, cartão magnético recarregável que funciona como um vale-transporte.

ANDANDO PELA CIDADE

Ônibus. Os ônibus urbanos convencionais são seguros e raramente cheios. Todos aceitam o MetroCard e as baldeações são gratuitas. Se o pagamento for em dinheiro, o motorista não dá troco, e os caixas eletrônicos só aceitam moedas. Os ônibus não param fora dos pontos, que estão a cada dois ou três quarteirões, e todas as paradas informam os horários de circulação das linhas.

PASSAPORTES TURÍSTICOS

Citypass. É um talão de ingressos para várias atrações turísticas da cidade. Pelo preço fixo de US$ 109 para adultos e US$ 82 para crianças, você tem acesso a lugares como o Observatório do Empire State Building, o American Museum of Natural History, o Guggenheim Museum, o MoMA (Museum of Modern Art), o Met (Metropolitan Museum of Art) e a Estátua da Liberdade, sem enfrentar filas. Outra vantagem é a economia com relação ao valor dos tíquetes avulsos. Em geral, o desconto vale a pena, mas você deve ficar atento, porque alguns museus não cobram a entrada em determinados dias ou cobram apenas um preço simbólico, a partir de US$ 1, como o Museum of Natural History e o Met (Metropolitan Museum of Art). Você pode adquirir o CityPass pela internet e recebê-lo no hotel ou comprá-lo na bilheteria das atrações credenciadas. *www.citypass.com*

New York Pass. Esse passaporte abrange quase todos os pontos turísticos da cidade, mas só vale a pena se você tiver paciência para ver tudo a que realmente tem direito. Os tours incluem até 80 atrações, entre museus, redes de rádio e TV, parques, musicais e a sede da Organização

ANDANDO PELA CIDADE

das Nações Unidas, entre outras. O preço depende da temporada e do pacote, que pode durar de um a sete dias. O New York Pass também dá descontos em lojas e restaurantes. A desvantagem desse passaporte é que não evita as filas para entrar nos lugares – você só se livra da fila da bilheteria. *www.newyorkpass.com*

PASSEIOS

Ônibus. Duas grandes companhias oferecem passeios turísticos de ônibus pelas ruas de Nova York.

A CitySights NY, reconhecida pelos ônibus azuis, promove um tour por toda a cidade *(a partir de US$ 54 por pessoa)* e também realiza passeios de helicóptero e visitas a lugares como o Woodbury Common Premium Outlets. A empresa não possui uma sede para receber turistas, mas você encontra fiscais uniformizados – normalmente de colete amarelo – vendendo bilhetes nas paradas de ônibus. *www.citysightsny.com*

Já a New York Sightseeing (Gray Line), famosa pelos ônibus vermelhos de dois andares, possui alguns centros de visitantes, mas também dispõe de vendedores nos principais pontos turísticos e estações de ônibus da cidade *(o ingresso custa, em média, US$ 54, e crianças e idosos pagam menos)*. A grande vantagem da Gray Line é poder descer em qualquer ponto durante o passeio, dar uma volta e pegar outro ônibus para seguir seu trajeto. Uma das regiões mais interessantes para conhecer nesse esquema é o Brooklyn. *www.newyorksighteeing.com*

Barco. A Circle Line Sightseeing Cruises organiza excursões em lanchas e barcos de grande porte, com

ANDANDO PELA CIDADE

várias opções de trajeto e duração. O passeio de três horas *(cerca de US$ 40 para adultos e $ 26 para crianças)*, embora longo, é bastante interessante. Percorre o Rio Hudson até East River, passando pela **Estátua da Liberdade**, Governor's Island e Ward's Island. Para entreter as crianças, vale apostar na lancha The Beast: a pintura do casco imita um tubarão, e a embarcação segue até a Estátua da Liberdade fazendo manobras radicais. Imperdível para os pequenos! Recomenda-se chegar cerca de 30 minutos antes da partida dos barcos para pegar um bom lugar e apreciar melhor a vista. *Pier 83, W 42nd St. e 12th Ave. www.circleline42.com*

Fábrica de Piano. Fundada em Manhattan em 1853 pelo alemão Heinrich Engelhard Steinweg, a Steinway & Sons é a maior fábrica de pianos de Nova York e promove tours gratuitos, desde que agendados previamente. O passeio de duas horas mostra desde a seleção das madeiras até a concepção final dos instrumentos. Não aconselho levar as crianças, porque elas podem achar o tour maçante. *1 Steinway Place, Long Island City (próximo à estação do metrô Queensboro Plaza) – www.steinway.com. Agendamento de visitas: 1 718-721-2600 ou info@steinway.com.*

CENTRAL PARK

O Central Park é a praia dos nova-iorquinos, aonde eles levam os filhos para brincar, praticam esportes, tomam sol, andam de bicicleta, barco e patins. Estima-se que mais de 25 milhões de pessoas passam por esse oásis da metrópole todos os anos, e o parque oferece várias atrações para os visitantes.

CENTRAL PARK

Central Park Bike Tour. Existem diversos tipos de tours de bicicleta, que custam em média US$ 50 para adultos e US$ 40 para crianças. Se preferir alugar uma bike para passear, os preços são a partir de US$ 15 por hora. *203 W. 58th St. Todos os dias das 9h às 18h. www.centralparkbiketours.com*

Wollman Rink. Patinação no gelo, aula de patinação e de hóquei para todas as idades. Construída em 1950, hoje a pista é administrada pela Trump Organization. *Fechado de maio a setembro. 6th Ave. at 59th St. www.wollmanskatingrink.com*

CENTRAL PARK

The Friedsam Memorial Carousel. O encantador carrossel, feito à mão em 1908, tem 57 cavalos em tamanho natural. Fica aberto de abril a novembro, das 10h às 16h30, e, se o clima permitir, pode funcionar também de dezembro a março. *Entre 5th Ave. e 64th St. www.centralparknyc.org*

Central Park Zoo. Um minizoo, fundado em 1864. Raramente tem fila e dá para conhecer tudo em pouco tempo. Vale a pena ver as três divisões do zoo: a Rain Forest, com pássaros e répteis; a Temperate Territory, com tartarugas e outros animais; e a Polar Circle, com ursos polares e pinguins. Imperdível assistir à alimentação dos pinguins *(diariamente das 10h30 às 14h30)* e o George Dela Corte Musical Clock Still, que a cada meia hora mostra os animais em torno de um relógio com música. Mais à frente, você encontra o

Tisch Children's Zoo, uma fazendinha onde as crianças podem brincar com cabras, porcos e ovelhas. *830 5th Ave. at 64th St. www.wcs.org*

Conservatory Water. Um pequeno lago onde as crianças podem alugar barquinhos de controle remoto. De segunda a sexta, a atração é reservada para os pequenos, e os adultos que quiserem brincar têm que esperar o fim de semana. *Entrada pela 72th at 5th Ave.*

Loeb Boathouse. Não perca a oportunidade de andar de barco a remo ou fazer um passeio de gôndola pelo lago. Super-romântico. *Entre a 73th St. e a 74th St., East Side. www.thecentralparkboathouse.com*

CENTRAL PARK

Central Park Boathouse Restaurant. Nesse restaurante, conhecido como New American, você pode almoçar ou pedir um sanduíche *(de US$ 25 a US$ 42)*. A vista para o lago é o grande atrativo. *5th Ave. at 72nd St. www.thecentralparkboathouse.com*

CENTRAL PARK

Belvedere Castle. O telhado do castelo funciona como mirante, com vista para o Delacorte Theater. *81th St. at Central Park West.*

Delacorte Theater. Construído em 1962, recebe diversas apresentações gratuitas durante o verão. As apresentações são ao ar livre. *Central Park West at 81th St. www.publictheater.org*

Forth Tyron Park. O ponto natural mais alto do Central Park é um cenário histórico onde ocorreu uma das primeiras batalhas da Revolução Americana de 1776.

TEMPLOS E MONUMENTOS

TEMPLOS

Central Synagogue. Inspirada nas sinagogas húngaras, foi construída por imigrantes europeus na segunda metade do século XIX. Todas as quartas-feiras é possível fazer um tour gratuito pelo templo, que tem uma belíssima arquitetura. *652 Lexington Ave. at 55th St. – 212-838-5122 – www.centralsy.org*

Saint Patrick's Cathedral. É considerada uma das mais bonitas catedrais dos Estados Unidos. O templo do século XIX, que demorou 19 anos para ser erguido, foi inspirado em construções da cidade alemã de Colônia. O altar foi projetado pela Tiffany & Co., e do lado direito da nave há uma relíquia de Santa Teresinha. *5th Ave., entre a 50th St. e a 51st St. – www.saintpatrickscathedral.org*

Temple Emanu-El. Considerado a maior sinagoga do mundo, em estilo bizantino clássico e bastante ornamentado, o Templo Emanu-El foi fundado em 1845, com o surgimento da primeira congregação reformista judaica de Nova York. Atualmente com cerca de mil associados, a sede da congregação é frequentada por algumas celebridades, como Michael Bloomberg. Você pode fazer um tour pela sinagoga, desde que agendado com pelo menos duas semanas de antecedência. *Cultos às 17h30 de domingo a quinta-feira; às 17h15 às sextas-feiras; e às 10h30 aos sábados. Aberto ao público* *de domingo a quinta das 10h às 16h30; sexta das 10h às 16h30; sábado das 12h às 17h. 1 E. 65th St. at 5th Ave. – 212-744-14 – www.emanuelnyc.org*

Trinity Church. Templo magnífico de estrutura neogótica, começou a ser construído pela comunidade anglicana no final do século XVII, mas sua última reforma só foi concluída em 1846. Há um tour para visitar a igreja e o cemitério ao lado, onde está enterrado o criador do barco a vapor, Robert Fulton. Há apresentações às quintas-feiras, sempre às 13h, e às segundas no mesmo horário, na St.Paul's Chapel, que faz parte do complexo. *Aberta todos os dias das 7h às 18h. 74 Trinity Pl. nr. Rector St. – 212-602-08 – www.trinitywallst.org*

PRÉDIOS E MONUMENTOS

Avery Fisher Hall. Parte do complexo do Lincoln Center, o prédio possui um teatro com capacidade para 2,7 mil pessoas e é a atual sede da Orquestra Filarmônica de Nova York. Como toda grande casa, além de sempre promover concertos, possui um tour para visitação por US$ 12. *10 Lincoln Center Plz. nr. 65th St. – 212-875-5030 – www.lincolncenter.org*

Brooklyn Bridge. A ponte mais antiga da cidade, construída em 1883, liga Nova York e o Brooklyn e já foi palco de diversas produções cinematográficas. Embora hoje a ponte pareça simples, ela representou um avanço arquitetônico frente à maré fortíssima do East River e foi inaugurada com uma grande festa. Para chegar lá, pegue as linhas A ou C e desça na estação High St., caminhando até o Cadman Plaza East, onde você vai ver as escadas que levam à passarela da ponte, a área destinada aos pedestres. Você vai levar cerca de 40 minutos para caminhar por toda a sua extensão, mas o ideal é ir até a metade para fotografar a vista e voltar para Manhattan – o outro lado não oferece nada de muito interessante.

Chrysler Building. Um dos prédios mais admirados do mundo, projetado pelo arquiteto William Van Alen, tem uma cobertura de níquel e cromo polido que brilha até mesmo quando o tempo está fechado. São 77 andares construídos com tijolos, diferente da maioria dos arranha-céus.

TEMPLOS E MONUMENTOS

As visitas se resumem ao lobby, no horário comercial, das 7h às 18h – sem credencial, é impossível pegar um dos seus 32 elevadores. *405 Lexington Ave. at 42nd St.*

Empire State Building. Com 102 andares e 381 metros de altura, foi construído durante a Grande Depressão americana de 1929. Sua icônica torre foi projetada para servir de ponto para dirigíveis, que na época acreditava-se que seriam o transporte do futuro. Cenário de inesquecíveis filmes americanos, como *King Kong,* o prédio já foi palco de episódios curiosos, como um acidente aéreo em 1945 e duas tentativas fracassadas de suicídio. Hoje em dia, é o mirante mais visitado de toda a cidade, com atrações como o casamento coletivo uma vez por ano e uma corrida pelas escadas até o topo. No segundo

TEMPLOS E MONUMENTOS

andar, está o *New York Skyride*, um filme exibido num enorme telão, interessante mix de passeio de helicóptero e montanha-russa – você pode comprar o ingresso em pacotes de desconto, combinado com outras atrações da cidade (geralmente sai por US$ 29 para os adultos e US$ 19 para as crianças). Para subir ao topo do Empire State, o ideal é comprar o bilhete pela internet e entrar apenas na fila dos elevadores (*US$ 29 para adultos, US$ 20 para idosos, US$ 23 para crianças*). *350 5th Ave. nr. 33rd St. www.esbnyc.com*

TEMPLOS E MONUMENTOS

Grand Central Terminal. Construído em 1913 pelo empreendedor Cornelius Vanderbilt, é um espetacular terminal ferroviário e metroviário, com mais de 40 lojas e restaurantes (destaque para o Oyster Bar e a Michael Jordan's Steak House). O relógio da fachada, concebido pelo escultor francês Jules-Felix Coutan, possui o maior vitral Tiffany & Co. do mundo e é visto por 125 mil pessoas que passam pela estação todos os dias. *42nd St. at Park Ave. www.grandcentralterminal.com*

High Line. Uma linha de trem que se tornou atração depois de abandonada por mais de 30 anos. Passando por lugares como o descolado hotel Gansevoort e o solário Diller-von Furstenberg Sundeck, o lugar virou um parque público, ótimo para fotografar o topo dos prédios da cidade e o Rio Hudson.

Madison Square Garden. Outro empreendimento de Cornelius Vanderbilt, o suntuoso prédio arredondado, onde são realizados mais de 300 eventos por ano, tem capacidade para 20 mil pessoas. Vale a pena comprar ingressos para jogos de basquete ou de hóquei. Também há um tour pelo teatro, das 10h às 15h *(US$ 27 para adultos e US$ 18 para crianças)*. *4 Penn Plz. nr. 31st St. www.thegarden.com*

Metlife Building. Um dos arranha-céus mais altos do mundo, era a sede da empresa de aviação Pan Am até a década de 1980, quando foi vendido para a Metropolitan Life Insurance Company (daí vem o nome Metlife). Algumas histórias curiosas rondam o prédio, como um acidente no heliporto da cobertura (que depois foi desativado), em 1965, e as gravações do filme *Superman*, em 2006. *200 Park Ave. at 45th St.*

New York Public Library. Hoje biblioteca pública, já foi a sede do Palácio da Justiça, e é considerado o prédio mais bonito dos Estados Unidos. *425 6th Ave. – 212-243-4334 – www.nypl.org*

Radio City Music Hall. Grande ideia do bilionário John D. Rockefeller, o teatro com capacidade para 6,2 mil pessoas foi inaugurado em 1932 e é considerado um esplendor em arte moderna. O Radio City é visita obrigatória para todo turista, principalmente no Natal, quando acontece o Christmas Spectacular, apresentado

TEMPLOS E MONUMENTOS

pelas chamadas Rockettes. Não perca o Stage Door Tour, um passeio de uma hora que acontece entre novembro e dezembro. *US$ 18,50 para adultos, US$ 15 para idosos a partir de 62 anos, US$ 10 para crianças de até 12 anos. 1260 6th Ave. nr. 50th St. – 212-247-4777 – www.radiocity.com*

Rockefeller Center. Mais um negócio de John D. Rockefeller, o magnífico conjunto de 19 prédios, no coração de Midtown, é cheio de lojinhas, restaurantes e escritórios – além da famosa pista de patinação (chegue cedo, pois a lotação é de apenas 150 pessoas. Não abre no verão). Desde sua construção, em 1939, o empreendimento foi sucesso absoluto, com 65 mil trabalhadores e milhares de turistas. Lá é acesa a árvore de Natal mais charmosa da cidade. Ao passar pelo prédio, observe a escultura de Prometeu e as bandeiras de vários países. *Rockefeller Plz. at 50th St. www.rockefellercenter.com*

TEMPLOS E MONUMENTOS

Top of the Rock. Um filme genial chamado *On the Town*, com Frank Sinatra, Gene Kelly e Jules Munshin, mostra, em 1949, a cobertura do Rockefeller Center ainda sem os vidros de proteção que existem hoje. O mirante passou um tempo fechado e agora foi novamente aberto ao público. Tem uma vista maravilhosa e uma parte coberta – muito bom no frio cortante do inverno. Algumas pessoas pensam que o mirante termina no 66º andar, mas se enganam: vai até o 70º, cujo acesso é feito por uma escada ou um pequeno e demorado elevador. *US$ 29 para adultos; US$ 18 para crianças de 2 a 14 anos; US$ 27 para idosos a partir de 62 anos. 30 Rockefeller Plz. www.topoftherocknyc.com*

Roosevelt Island. Andar de bondinho é sempre um charme, e esse sai da 59th Street com a First Avenue, acompanha a Queensboro Bridge e, em cinco minutos, deixa os passageiros em Roosevelt Island, pelo preço de uma pas-

TEMPLOS E MONUMENTOS

sagem de metrô (você pode até usar seu MetroCard, pois o bondinho faz parte do transporte público da cidade). O passeio vale a pena, mas não há nada interessante para fazer na minúscula ilha – se sair do bondinho, pegue o ônibus vermelho e dê uma volta para ver os prédios, casas e uma capelinha do século passado, desenhada pelo mesmo arquiteto da famosa St. Patrick. *552 Main St.*

Sede da Organização das Nações Unidas (ONU). A sede dessa sensacional entidade, criada após a Segunda Guerra Mundial, está em Nova York. Para chegar à ONU, você pode pegar o ônibus da linha 27, que faz o trajeto a partir da estação de Port Authority, passando pelo Rockefeller Center. Existem vários tours guiados pelo escritório, inclusive em português. *Aberto para visitação das 9h30 às 16h45 de segunda a sexta, e das 10h às 16h30 nos finais de semana. 1st Ave., entre a 42nd St. e a 48th St.*

TEMPLOS E MONUMENTOS

The Dakota. Projetado por Henry Janeway Hardenbergh, que também construiu o Plaza Hotel, é conhecido pelas estátuas de índios Dakota no telhado. Localizado em um dos pontos mais nobres da cidade, é um prédio residencial fechado à visitação, apesar de ser famoso por abrigar diversas celebridades ao longo da história. Foi lá que morreu o beatle John Lennon, assassinado em 1980, e hoje um de seus mais ilustres moradores é Woody Allen. *1 W. 72nd St. at Central Park West.*

The Flatiron Building. Com forma semelhante a um ferro de passar, foi um dos primeiros arranha-céus construídos em Nova York, entre a Fifth Avenue e a Broadway. Reza a lenda que durante sua inauguração, em 1902, os rapazes ficavam à porta do prédio esperando que o vento levantasse os vestidos das moças, porque seu formato produzia uma corrente de ar. *175 5th Ave. nr. 22nd St.*

TEMPLOS E MONUMENTOS

Woolworth Building. Cenário do filme *Encantada* (2007), é um edifício fabuloso, um dos mais antigos de Manhattan. Encomendado por Frank Woolworth, fundador da loja Foot Locker, foi durante um tempo o prédio mais alto mundo, até a construção do Chrysler Building, em 1930. Infelizmente, por ser um prédio comercial e de propriedade particular, visitas do público são permitidas apenas no lobby, ricamente trabalhado em mármore com detalhes de bronze, onde está uma escultura de Woolworth contando moedas e seu arquiteto com a maquete do edifício. *233 Broadway nr. Barclay St.*

Curiosidade. O estilo art déco tomou conta de Nova York dos anos 1920 aos 1940 e seus maiores exemplos na arquitetura da cidade são o edifício da Chrysler, o Empire State e o Rockefeller Center. Já o estilo neoclássico, conhecido como beaux-arts, *tem como grandes expoentes a Grand Central, a New York Public Library e o prédio Flatiron.*

MUSEUS

Muitos dos melhores museus do mundo estão em Manhattan. Como são financiados por grandes instituições, a maioria deles oferece duas formas de pagamento: o preço convencional do ingresso ou o valor sugerido pelo visitante ("pay what you wish"). Além disso, há sempre um dia da semana em que a entrada é gratuita – a desvantagem é que as filas são maiores nessas ocasiões.

Metropolitan Museum of Art – Met
Considerado um dos maiores museus do mundo, com 2 milhões de peças, o Met recebe mais de 5 milhões de visitantes por ano. O vasto acervo abrange arte egípcia (36 mil obras, a maior coleção fora do Cairo), grega, romana e barroca. Há vários tours feitos por voluntários em diversos idiomas, inclusive em português *(terças-feiras às 11h15 e quintas-feiras às 11h)*. Basta apresentar seu tíquete para assistir gratuitamente à apresentação. O ingresso para o Met também dá direito à entrada no The Cloisters.
Preço sugerido: US$ 20, US$ 15 para idosos e US$ 10 para estudantes. Aberto das 9h30 às 17h15 às terças, quartas, quintas e domingos; das 9h30 às 20h45 às sextas e sábados. Fechado às segundas e na maioria dos feriados. 1000 5th Ave. at 82nd St. – 212-879-5500 – www.metmuseum.org

The Iris and B. Gerald Cantor Roof Garden.
O jardim, no terraço do museu, geralmente expõe esculturas e tem uma vista extraordinária para o Central Park. Ali

MUSEUS

há também um bar que serve drinques, sanduíches e sobremesas, aberto apenas dois meses por ano, durante a primavera e o início do verão, às sextas e sábados, das 17h às 20h.

Metropolitan Museum of Art Store. Mais do que uma lojinha de suvenires, a *store* do Met tem três andares e 23 filiais nos Estados Unidos (sete só em Nova York). Lá você encontra livros, material de papelaria, joias e réplicas.

The Cloisters. Extensão do Met, é um castelo medieval com quatro claustros importados da França do século XII. As peças do interior incluem tapeçaria, esculturas religiosas, manuscritos, vitrais e marfins que levam o visitante a uma viagem ao passado. O grande destaque é a tapeçaria *Unicórnio em Cativeiro*. Também vale a pena passar na lojinha e no café, que não abre no inverno.
Março a outubro: das 9h30 às 17h15, de terça a domingo. Novembro a fevereiro: das 9h30 às 16h45, de terça a domingo. Fecha às segundas. Fort Tryon Park, 99 Margaret Corbin Dr. – 212-923-3700.

American Museum of Natural History

Fundado em 1869, é perfeito para crianças, com fósseis de dinossauro, meteoritos, peixes suspensos e o esqueleto de um *Tyrannosaurus rex*. Uma das peças imperdíveis é a baleia-azul, no Milstein Hall of Ocean Life. O tour é gratuito, agendado no balcão de informações – a desvantagem é que não há apresentação em português.
Preço sugerido: US$ 22, US$ 17 para estudantes e idosos,

US$ 12,50 para crianças. Aberto das 10h às 17h45 todos os dias. Central Park West at 79th St. – 212-769-5100 – www.amnh.org

The Glass Rose Center for Earth and Space. O planetário, com uma cúpula de 26 metros de altura, projetado pelo renomado arquiteto James Stewart Polshek, conta a história do universo simulando uma viagem pelas constelações, nebulosas e planetas. A apresentação, com duração de 40 minutos, é narrada por Robert Redford. O ingresso para o American Museum of Natural History não dá acesso ao Glass Rose Center, que fica dentro do museu – como a espera para assistir à apresentação geralmente é longa, vale a pena reservar os bilhetes antecipadamente.

Butterfly Conservatory. A sala, com mais de 500 espécies de borboletas, merece ser visitada. A desvantagem é que a atração não fica aberta ao público o ano todo – verifique antes de ir.

Whitney Museum of American Art

Criado pela escultora Gertrude Vanderbilt Whitney e projetado por Marcel Breuer na década de 1960, reúne 18 mil obras de artistas norte-americanos, como Georgia O'Keeffe, Andy Warhol, Charles Sheeler, Alexander Calder, Edward Hopper, Jeff Koons, Jasper Johns e Jackson Pollock. Um dia de passeio é suficiente para visitar os sete andares do prédio. Depois, você pode passar na Sarabeth's, a ótima lanchonete do museu.
Preço fixo: US$ 18, US$ 12 para estudantes e jovens de

MUSEUS

19 a 25 anos. Pay-What-You-Wish Admission apenas às sextas, das 18h às 21h. Aberto das 11h às 18h às quartas, quintas, sábados e domingos; e das 13h às 21h às sextas. Fechado às segundas e terças. 945 Madison Ave. at 75th St. – 800-944-8639 – www.whitney.org

Solomon R. Guggenheim Museum. Único projeto do arquiteto Frank Lloyd Wright em Nova York, o museu em forma de concha apresenta sempre exposições maravilhosas. O prédio anexo, adquirido em 1992, tem mostras permanentes espalhadas pelos seus dez andares, de artistas como Van Gogh, Kandinsky, Picasso, Braque, Manet e Chagall, entre outros. Nas noites de sexta e sábado, dá para curtir também shows de jazz.
Preço fixo: US$ 18, US$ 15 para estudantes e idosos, gratuito para crianças de até 12 anos. Pay-What-You-Wish Admission apenas às sextas, das 18h às 20h. As visitas guiadas são gratuitas. Aberto das 10h às 17h45 de domingo a quarta e às sextas; e das 10h às 19h45 aos sábados. Fechado às quintas. 1071 5th Ave., at 89th St. – 212-423-3500 – www.guggenheim.org

Frick Collection. Sediado em uma mansão dos arquitetos da Carrère & Hastings, o Frick Collection, um dos museus mais interessantes da cidade, é fruto de uma grande doação da família do bilionário do aço Henry Clay Frick – o prédio, os móveis, as esculturas, a tapeçaria e até as obras de Rembrandt e Goya. Um dos destaques é *A Virgem e o Menino*, de Van Eyck.
Preço fixo: US$ 18, US$ 12 para idosos e US$ 5 para estudantes. Pay-What-You-Wish Admission apenas aos do-

mingos, das 11h às 13h. Proibida a entrada de crianças menores de 10 anos. Aberto das 10h às 18h de terça a sábado; e das 11h às 17h aos domingos. Fechado às segundas. 1 E. 70th St. nr. 5th Ave. – 212-288-0700 – www.frick.org

Museum of Modern Art – MoMA
Fundado em 1929 e reformado em 2004 pelo arquiteto japonês Yoshio Taniguchi, o MoMA tem o maior acervo de arte moderna do mundo. A coleção permanente conta com trabalhos de Cézanne, Mondrian, Duchamp e Picasso, entre outros. Nas várias alas do museu, você encontra obras de pintura, fotografia, escultura e cinema, e também há exibição de filmes e palestras.
Preço fixo: US$ 25 para adultos, US$ 18 para idosos e US$ 14 para estudantes. Entrada gratuita às sextas-feiras, das 16h às 20h. Aberto das 10h30 às 17h30 aos sábados, domingos, segundas, quartas e quintas; e das 10h30 às 20h às sextas. Fechado às terças. 11 W. 53rd St. nr. 6th Ave. – 212-708-9400 – www.moma.org

Café 2. No segundo andar do museu, o café com grandes mesas coletivas serve comida italiana e é um ótimo lugar para encerrar a visita ao museu. Deliciosas opções são o Duck Prosciutto com Arugula Salad e o Chicken Panini. *www.momacafes.com/c2/c2.html*

The Modern. O restaurante é lindo e pode ser considerado um dos melhores de Nova York, separado por um vidro em duas partes: The Bar Room at The Modern e The Modern. Lá você encontra uma variedade inacreditável de pratos e sobremesas. É bem sofisticado, vale caprichar no *look*. Dá para fazer reserva pelo site *www.opentable.com*. *Jantar US$ 88, tábua de queijos artesanais US$ 21, almoço com sobremesa de US$ 48 a US$ 58, menu degustação US$ 125. 9 W. 53rd St. – 212-333-1220 – www.themodernnyc.com*

MoMA Design and Book Store. Com filiais pela cidade, a loja do museu tem sempre novidades, entre pôsteres, brinquedos, móveis e acessórios. O preço não é dos mais modestos, mas vale a pena pela originalidade dos produtos. *11 W. 53rd St. – 44 W. 53rd St. – 81 Spring St.*

Terrace 5. Com design econômico, o restaurante do terraço do MoMA tem um preço mais em conta (você pode pedir um salmão com agrião por US$ 16 ou o MoMA sundae por US$ 11, por exemplo). Não há reserva para o Terrace 5, é só chegar e sentar em uma das mesas do interior ou da varanda.

Madame Tussauds

Inaugurado em 2000, o museu é um sucesso pela sua coleção de figuras realistas. Na ala conhecida como Chamber of Horrors, você vai se divertir com os funcionários vestidos de monstros em um labirinto. Costuma ser fácil encontrar cupons de desconto para a entrada nos aeroportos ou na Times Square. Se você for levar as crianças, é mais barato comprar pela internet. *Preço fixo: US$ 36, US$ 29 para crianças de 3 a 12 anos. Crianças menores de 3 anos não pagam. Aberto todos os dias das 10h às 22h (a última entrada é às 20h). 234 W. 42nd St. nr. 7th Ave. – 800-246-8872 – www.nycwax.com*

MUSEUS

The New Museum of Contemporary Art

Inaugurado em 2007 com o objetivo de promover a arte contemporânea, o museu ainda divide opiniões. Mas vale a visita, pelo menos à parte de fora do prédio, que é muito bonita.

Preço fixo: US$ 12, US$ 8 para idosos, US$ 6 para estudantes, gratuito para jovens com menos de 18 anos. Aberto das 12h às 18h às quartas, sábados e domingos, e das 12h às 21h às quintas e sextas. Fechado às segundas. 235 Bowery nr. Prince St. – 212-219-1222 – www.newmuseum.org

The Jewish Museum

Reúne quatro mil anos da tradição judaica, em objetos de culto, gravuras, trechos da Torá, mapas, depoimentos, vídeos e fotografias. As visitas guiadas são gratuitas.

Preço fixo: US$ 12, US$ 10 para idosos, US$ 7,50 para estudantes. Crianças de até 12 anos não pagam e aos sábados a entrada é gratuita para todos. Aberto das 11h às 16h de sábado a terça e às quintas e sextas. Fechado às quartas. 1109 5th Ave. at 92nd St. – 212-423-3200 – www.thejewishmuseum.org

Museum of Jewish Heritage

Mais do que um museu, é um memorial em homenagem às vítimas do Holocausto. O passeio pode ser cansativo para as crianças. O café serve comida *kosher*.

Preço fixo: US$ 12, US$ 10 para idosos, US$ 7 para estudantes. Entrada gratuita para crianças de até 12 anos e às quartas, das 16h às 20h. Março a outubro: aberto das 10h às 17h45 de domingo a terça e às quintas; das 10h às

20h às quartas; e das 10h às 17h às sextas. Fechado aos sábados. Novembro a fevereiro: aberto das 10h às 17h45 de domingo a terça e às quintas; das 10h às 20h às quartas; e das 10h às 15h às sextas. Fechado aos sábados. 36 Battery Pl. at 1st Pl. – 646-437-4200 – www.mjhnyc.org

CRIANÇAS

Algumas atrações para curtir com os pequenos.

Big Apple Circus. Um circo clássico e interessante, com cavalos, malabarismo e palhaços. Não espere por um Cirque du Soleil; são apresentações mais intimistas, um verdadeiro show para crianças. *Ingressos de US$ 20 a US$ 65. Aberto de outubro a janeiro, com diversos horários de apresentação.*

Coney Island. Um dos parques mais conhecidos da cidade, tem uma roda-gigante de mais de 50 metros de altura e uma montanha-russa de madeira construída na década de 1920 – que chega a 90 km/h! Logo ao lado, fica o Luna Park, inaugurado em 2010, com brinquedos mais novos e loucos. Não deixe de comer na Nathan's Famous, o lugar mais badalado de Coney Island para comidinhas. A única desvantagem é que o parque não fica aberto o ano todo, só entre a Páscoa e o Halloween, em outubro – mas o calçadão e os famosos hot dogs funcionam sempre. Para chegar ao Coney Island, pegue o metrô das linhas D, Q, N ou F para Stillwell Avenue (cerca de 50 minutos) ou os ônibus expressos x28 e x38. *Aberto das 13h às 22h – 1208 Surf Ave. – www.coneyisland.com / Luna Park, 1000 Surf Ave. Aberto das 10h às 20h – www.lunaparknyc.com (vale a pena telefonar para obter mais informações: 718-373-5862).*

CRIANÇAS

Hayden Planetarium. Parte do Rose Center for Earth and Space, é um cubo de vidro que leva os visitantes a uma viagem ao espaço, narrada pela incrível Whoopi Goldberg. Cheio de simuladores e curiosidades sobre os planetas. *Ingressos US$ 27. Aberto das 10h às 17h45. Central Park West at 79th St. – 212-769-5100 – www.amnh.org*

Intrepid Museum. Um maravilhoso museu em um porta-aviões, com helicópteros, caças e simuladores. Impossível viajar para Nova York com as crianças e não visitar esse lugar, que passou recentemente por uma reforma, tornando-se mais atraente e mais bonito. *Preço fixo: US$ 19,50, US$ 15,50 para idosos, veteranos de guerra e estudantes, US$ 14,50 para crianças de 6 a 17 anos, US$ 7,50 para crianças de 2 a 5 anos. Abril a setembro: aberto das 10h às 17h de segunda a sexta, e das 10h às 18h nos finais de semana. Outubro a março: aberto das 10h às 17h de terça a domingo. Fechado às segundas. 12th Ave. at 46th St., Pier 86 – 212-245-0072 – www.intrepidmuseum.org*

National Museum of Mathematics – MoMath. Mais que um museu, é um parque de tecnologia interativa, que faz todo mundo se apaixonar por matemática. É interessante para todas as idades, mas a ênfase é maior nas atividades para crianças de 10 a 14 anos. Aberto durante o ano todo, é passeio obrigatório para quem leva os filhos a Nova York. *11 E. 26th St.*

New York Aquarium. Localizado no Brooklyn, é o aquário mais antigo do mundo, em funcionamento desde

1896. Lá você vê tubarões, tartarugas, lontras, pinguins, águas-vivas e leões-marinhos, além de um filme 4D que mostra corais marinhos. Não é aconselhável fazer o passeio aos finais de semana, pois o lugar fica lotado. Comprar o ingresso pela internet também pode ser uma boa alternativa para evitar filas. *Ingressos a US$ 12. Aberto das 10h às 16h30. 602 Surf Ave. at 8th St. – www.nyaquarium.com*

Ripley's Believe it or Not! Times Square. Um museu cheio de coisas interessantes, como um bezerro de duas cabeças, uma girafa albina, um túnel do tempo, uma sala de tortura, várias cabeças de macaco. Dá para fotografar e tocar tudo, uma experiência incrível para as crianças. *Preço fixo: US$ 32 para adultos e US$ 25 para crianças. Comprando pela internet você ganha 20% de desconto. 234 W. 42nd St. – www.ripleysnewyork.com*

Six Flags. Não muito longe de Manhattan, em New Jersey, entre a Philadelphia e Nova York, o Six Flags é um dos parques mais divertidos de conhecer – além de montanhas-russas radicais, tem um parque aquático e um safári. Nem em Orlando você encontra montanhas-russas tão poderosas, como a Kingda Ka, a maior do mundo, com 139 metros de altura e uma velocidade que chega a 206 km/h. Outras aventuras são a El Toro, segunda maior montanha-russa de madeira do mundo, e a Batman: The Ride, com loopings seguidos. Para chegar lá, pegue o ônibus na rodoviária de Port Authority para Six Flags Boulevard, Jackson, New Jersey. *Os ingressos saem por US$ 62 (mais taxas) e US$ 40 (mais taxas) para*

CRIANÇAS

crianças com menos de 1,37m de altura. Comprando pela internet, você ganha US$ 20 de desconto. Aberto das 9h às 17h – www.sixflags.com

Sony Wonder Technology Lab. O museu tecnológico é ótimo para ir com os filhos. Logo na entrada você já é saudado por um robô. O entretenimento é garantido, com experiências científicas e novidades espalhadas pelos quatro andares: workshops, uma mostra de 150 anos da comunicação, o Audio Lab – onde se podem compor músicas e montar clipes e filmes –, um PlayStation gigante e a diversão extra de revelar uma foto de maneira não convencional. Não se esqueça de imprimir o certificado de participação ao final do passeio. Vale a pena reservar os ingressos com antecedência pela internet, já que a entrada é gratuita e as filas costumam ser grandes. *Aberto das 10h às 17h de terça a sábado, e das 12h às 17h aos domingos. Fechado às segundas. 550 Madison Ave. at 56th St. – www.sonywondertechlab.com*

ESPETÁCULOS E CINEMAS

ESPETÁCULOS
Consagrados pela Broadway, os espetáculos teatrais estão entre as maiores atrações de Nova York. Saiba como aproveitá-los da melhor maneira.

Broadway, Off-Broadway e Off-Off-Broadway. Muitas pessoas pensam que a classificação dos espetáculos em três tipos se dá pela proximidade da Times Square, mas na verdade eles são divididos de acordo com o número de poltronas. As produções da Broadway são apresentadas para 500 pessoas ou mais, enquanto as montagens Off-Broadway dispõem de 100 a 499 cadeiras e as Off--Off-Broadway têm menos de 100 assentos.

TKTS. Criado em 1973, esse fundo para o desenvolvimento do teatro aliena os ingressos restantes para os espetáculos do dia. Nos quiosques de distribuição, os descontos chegam a até 50%. Como as peças mais procuradas da Broadway e da Off-Broadway são geralmente muito caras, os bilhetes da TKTS são uma alternativa bacana para economizar – e as chances de encontrar o que você quer são grandes. *South St. Seaport in Lower Manhattan (199 Water St., esquina da Front e John St.) – Duffy Square (47th St. com Broadway) – Downtown Brooklyn (Jay St. com Myrtle St. Promenade) – www.tdf.org*

ESPETÁCULOS E CINEMAS

Playbill. É uma revista distribuída nos shows da Broadway e da Off-Broadway. Vale a pena se cadastrar no site da Playbill Club para receber promoções dos espetáculos. Há ofertas muito interessantes, podendo chegar a 40% de desconto. *www.playbill.com/club/offers*

Reserva antecipada. Uma vez que a viagem a Nova York já esteja planejada, é bom fazer as reservas para os espetáculos de teatro antecipadamente, sobretudo durante a alta temporada, quando os shows são ainda mais procurados. Nas companhias a seguir você pode obter ingressos com segurança:
Tele Charge. 001 212 239 6200. www.teleecharge.com. Taxa de US$ 6 por ingresso para espetáculos Broadway e Off-Broadway.
Ticket Master. 001 212 307 4100. www.ticketmaster.com
Ticket Central. 001 212 279 4200. www.ticketcentral.org. Ingressos Off-Broadway podem ser adquiridos por telefone e retirados no local (416 W. 42th St., entre 9 E. e 10 E.).

The Times Square Information Center. Entre a 46th St. e a 47th St. (Broadway cruzando com a 7th Ave.), há o maior ponto de informação e venda de bilhetes. Nesse local você adquire passeios pelo Gray Line, Circle Line e ingressos para a Broadway. Há também terminais gratuitos de internet. *www.timessquarenyc.org*

ESPETÁCULOS E CINEMAS

CINEMAS

AMC Loews Lincoln Center Square. Grupo com a maior experiência em atrair crianças de todas as idades. São 13 salas de exibição com a maior tela de IMAX da cidade e muito conforto. A média de preço dos ingressos é de US$ 12,50. *1998 Broadway at 68th St. – www.amctheatres.com*

Angelika Center. Com pé-direito alto e tela pequena, a aconchegante sala, inaugurada em 1989, exibe filmes estrangeiros e independentes. O ingresso não é dos mais baratos (US$ 14), e às vezes dá para ouvir o ruído do metrô de dentro do cinema, mas o lugar é ideal para um público mais cult. *18 W. Houston St. (entre a Broadway e a Crosby St.) – www.angelikafilmcenter.com*

Cinema Sunshine. Exibe filmes clássicos à meia-noite nos finais de semana. Os pontos fracos são o ar-condicionado muito frio e o pouco espaço para as pernas. Existem outras sessões, mas só vale a pena ir ao Sunshine se for à meia-noite. *43th St. e Houston St. – 212-330-8182.*

Cinema Village. A seleção de filmes é excelente e criativa, mas a casa peca pela tela minúscula. A entrada custa em média US$ 10, e sempre há debates após a exibição do filme. É uma boa pedida para quem tem tempo e gosta de cinema. *22 E. 12th St. (entre 5th Ave. e University Pl) – www.cinemavillage.com*

FESTIVAIS E PARADAS

Nova York tem diversos eventos grandiosos durante o ano, sempre cheios e bem organizados. Vale a pena conferir se a sua viagem coincide com algum deles.

Janeiro

Ano-Novo Chinês. Essa celebração acontece na primeira lua cheia entre 21 de janeiro e 19 de fevereiro. É um grande espetáculo de dançarinos, carros alegóricos e música, tudo muito bonito. São mais de 5 mil pessoas desfilando pelas maiores ruas de Chinatown para um público de 400 mil espectadores. Depois do desfile há um festival de música e dança ao ar livre na Bayard St.
www.betterchinatown.com

New York Jewish Film Festival. Desde 1992, fruto da parceria entre o Museu Judaico e a Sociedade Cinematográfica do Lincoln Center, o New York Jewish Film Festival exibe filmes e documentários que ainda não entraram no circuito. Geralmente ocorre entre a primeira e a segunda semana de janeiro.
www.thejewishmuseum.org/PastFilmFestivals

Fevereiro

Restaurant Week. Os maiores restaurantes da cidade participam dessa semana promocional. Duas vezes ao ano (uma no verão e outra no inverno, em junho), todos criam cardápios com preços fixos, mais baixos que

FESTIVAIS E PARADAS

o convencional. Você pode fazer reserva para almoço e jantar em cerca de 250 restaurantes conceituados, como Bar Bouloud, Chez Josephine, Michael Jordan's Steak House, Tavern on the Green, Toloache e Trattoria Dell'Arte, entre outros.

Valentine's Day Weddings. No Dia dos Namorados (14 de fevereiro) ocorre um concurso no Empire State Building, e os pombinhos vencedores ganham a chance de se casar no topo do prédio. Tradição desde 1994, a competição aceita inscrições de qualquer casal, e as histórias mais originais levam o prêmio. Os casamentos ocorrem no 86th Floor Observatory; cada casal tem direito a vinte convidados.

Março

Greek Independence Day. Entre março e abril, os helênicos de Nova York fazem uma enorme festa na Fifth Avenue para celebrar o Dia da Independência da Grécia (25 de março de 1821). A parada já bateu o recorde de 150 mil espectadores e 26 mil participantes.

Macy's Flower Show. Uma semana antes da Páscoa, a Macy's faz uma enorme festa (ótima para levar as crianças), com desfile, balões, flores, pipoca, roda--gigante e tours gratuitos *(mais informações pelo telefone 212-494-4495)*. Além disso, a loja oferece uma série de descontos especiais – e o passaporte brasileiro ainda dá 11% a mais de desconto.

FESTIVAIS E PARADAS

Saint Patrick's Day Parade. Também tem palco na Fifth Avenue, anualmente no dia 17 de março, com desfiles das bandas dos bombeiros, da polícia e de associações de imigrantes, partindo da St. Patrick's Cathedral. Com um público de até 2 milhões de pessoas – todos vestidos de verde –, hoje a parada nova-iorquina é a maior festa de Saint Patrick do mundo. *www.nyc-st-patrick-day-parade.org*

Abril

Easter Parade. Nas proximidades da St. Patrick's Cathedral, na Fifth Avenue, acontece a parada de Páscoa, das 10h às 16h. Não chega a ser um desfile organizado, mas todos saem à rua fantasiados.

New York International Auto Show. Imperdível para os fãs de automóveis, a exposição, com Mercedes-Benz, Porsche e outros carros, acontece no Javits Center. *Jacob K. Javits Convention Center, 11th Ave. entre 34th e 39th St. – www.autoshowny.com*

Tribeca Film Festival. Criado por Robert De Niro em 2002 para ajudar a economia de Lower Manhattan depois da queda das Torres Gêmeas, o festival acabou fazendo um sucesso inesperado, reunindo milhares de pessoas todos os anos para mostras de pequenos e grandes filmes. *www.tribecafilmfestival.org*

Maio

Bike New York. Entre a primeira e a segunda semana do mês, 30 a 40 mil ciclistas de todo o mundo se reúnem para um passeio de 42 milhas pela cidade. *891 Amsterdam Ave., entre 103rd St. e 104th St. – www.bikenewyork.org*

Fleet Week. Desde 1984, o evento homenageia os *marines* com um grande desfile naval e a presença de mais de 3 mil marinheiros uniformizados, entre fuzileiros e a guarda costeira. Além disso, você pode visitar embarcações e há palestras durante toda a semana. Todas as atividades são gratuitas, exceto as realizadas no Intrepid Museum, que cobra a entrada. O mais legal da Fleet Week é encontrar vários *marines* com uniformes diferentes por toda a cidade. *www.fleetweeknewyork.com – www.intrepidmuseum.org*

Martin Luther King Jr Parade. Criada em 1959 no Harlem, a parada em homenagem a Martin Luther King (morto em 1968) hoje ocupa a Fifth Avenue, entre as ruas 44 e 86, e reúne 25 mil pessoas que apreciam as bandas e os carros alegóricos.

Junho

New York City Gay Pride. Mundialmente conhecida e reproduzida no mundo inteiro, a Parada Gay de Nova York faz parte do calendário oficial da cidade e é, além de uma festa maravilhosa e colorida, um acontecimento político. Ocorre na Fifth Avenue, durante o dia todo, com a presença de carros alegóricos, gente fantasiada, adultos e crianças, e só acaba à noite, com um show de fogos de artifício. *www.nycpride.org*

FESTIVAIS E PARADAS

Museum Mile Festival. Para aumentar a visibilidade dos museus e promover o apoio cultural a eles, o festival fecha parte da Fifth Avenue com atividades, malabaristas, música e brincadeira para as crianças. Nesse dia, os museus participantes não cobram entrada dos participantes do evento, que reúne quase um milhão deles. *5th Ave. entre 82nd St. e 105th St. www.museummilefestival.org*

Museus participantes:
El Museo del Barrio – Museum of the City of New York – The Jewish Museum – Cooper Hewitt, National Design Museum – Smithsonian Institution – National Academy Museum and School of Fine Arts – Solomon R. Guggenheim Museum – Neue Galerie New York – Goethe-Institut/German Cultural Center – The Metropolitan Museum of Art

Julho

Macy's 4th of July Fireworks. Um espetáculo de fogos promovidos pela Macy's no East River, comemorando o aniversário da expedição de Henry Hudson pelo Rio Hudson e, claro, a independência dos Estados Unidos. *Hudson River, 59th St., a partir das 9h.*

Nathan's Famous Hot Dog Eating Contest. Um divertido concurso promovido pela mais famosa marca de salsichas dos Estados Unidos durante as comemorações do 4 de Julho. Ganha quem comer mais hot dogs em menos tempo – atualmente o campeão é Joey Chestnut, que comeu 69 cachorros-quentes em 10 minutos, em 2013. *www.nathansfamous.com*

FESTIVAIS E PARADAS

Agosto

US Open. O campeonato é realizado entre agosto e setembro no Flushing Meadows Park, no Queens, e os bilhetes, que começam a ser vendidos em julho, rapidamente se esgotam. Na última edição, os campeões levaram 1,6 milhão de dólares. *www.usopen.org*

Setembro

Brazilian Day New York. Organizado na primeira semana de setembro, o evento ocupa mais de vinte quarteirões da rua conhecida como Little Brazil – apesar de hoje em dia poucos brasileiros residirem no local, a festa que acontece há mais de 20 anos já é tradição. *46th St., entre Times Square e Madison Ave. www.brazilianday.com*

Labor Day Parade. O desfile do Dia do Trabalho pela Quinta Avenida marca o fim oficial do verão. Para alegria dos amantes das compras, as principais lojas continuam abertas durante o feriado.

Mercedes-Benz Fashion Week. Com ingressos concorridos, a semana de moda atrai sempre muitos turistas curiosos que esperam encontrar modelos e celebridades. Entre os principais desfiles, estão Alexandre Herchcovitch, Anna Sui, Max Azria, Calvin Klein, Carlos Mielle, Diane von Furstenberg, Donna Karan e Lacoste. *www.mbfashionweek.com*

New York Film Festival. Um dos mais importantes festivais cinematográficos do mundo, realizado desde 1963. A compra antecipada é a melhor maneira de garantir a entrada para assistir aos filmes, selecionados pela Sociedade Cinematográfica do Lincoln Center. *www.filmlinc.com/nyff/nyff.html*

Outubro

Columbus Day Parade. Celebrando a cultura da América, o desfile passa pela Quinta Avenida, entre as ruas 44 e 72, com mais de cem grupos participantes e milhares de espectadores.

Halloween Parade. Desde 1973, a grande parada do Dia das Bruxas ocupa a Sexta Avenida com participantes fantasiados. *6th Ave. – www.halloween-nyc.com*

Medieval Festival. Entre duelos, bandeiras, dança e muita música medieval, você se sente de fato na Idade Média. O evento diverte mais as crianças, e a melhor parte são os duelos. *Fort Tryon Park – www.whidc.org/home.html*

New York City Marathon. Reunindo dezenas de milhares de corredores do mundo todo, a maratona cruza a cidade e termina no Central Park. Para assistir, basta comparecer a qualquer lugar do percurso.

Novembro

Radio City Christmas Spectacular. Apesar de cafona, esse evento merece ser visto pelo menos uma vez na vida. As dançarinas, chamadas de Rockettes, apresentam um espetáculo inesquecível.

FESTIVAIS E PARADAS

Macy's Thanksgiving Day Parade. Um dos melhores shows da cidade, com balões gigantes, performances e muita música. É interessante também assistir à preparação para o desfile, quando os balões são enchidos. *Sai da 77th St. e vai até a 81th St., entre o Central Park e a Columbus Ave. – www.macysparade.com*

Dezembro

Rockefeller Center Christmas Tree Lighting. A árvore mais famosa de Nova York é acesa em dezembro para celebrar o Natal. O local fica cheio de turistas e celebridades no dia da inauguração, e as luzes geram uma energia incrível. *www.rockefellercenter.com*

Hanukkah Celebrations. Uma cidade com uma comunidade judaica tão grande não poderia deixar de ter uma celebração de Hanukkah, com uma das maiores iluminações do mundo. *Grand Army Plaza – 5th Ave., 59th St.*

New Year's Eve in Times Square. A festa de Ano-Novo na Times Square reúne mais de um milhão de pessoas em pleno inverno, mas o show de confetes e luzes vale a pena.

COMER E BEBER

> **Dica**

Conheça dois guias que são referência para restaurantes.

***Zagat:** é mais popular e não se limita apenas à gastronomia. Avalia também a média de preço dos restaurantes, dos mais baratos aos mais sofisticados.*

***Michelin:** o guia francês de capa vermelha, que avalia os lugares com uma, duas ou três estrelas – a pontuação máxima, difícil de conseguir e de manter. É muito exigente em diversos quesitos, como qualidade dos produtos e preparação dos pratos. Os critérios são idênticos para todos os restaurantes analisados em diferentes cidades, e os críticos sempre vão ao restaurante em anonimato.*

> **Dica**

Você pode fazer reserva para quase todos os restaurantes citados aqui pelo site www.opentable.com. Após a primeira reserva, que é grátis, o usuário começa a obter descontos para futuros serviços.

> **Dica**

Alguns restaurantes mais sofisticados, como Per Se, Le Bernardin, Jean-Georges e Daniel exigem o uso de blazer, mas não se preocupe: todos eles emprestam a peça.

COMER E BEBER

CAFÉS

Não existe só a Starbucks em Nova York. São inúmeras redes de cafeterias espalhadas pela cidade, com grande variedade de pães, doces e até refeições. Conheça as principais.

Au Bon Pain. No mesmo estilo de suas concorrentes, serve sanduíches, sucos, refrigerantes, cafés e sopas, além de comidinhas para as crianças. São mais de cem lojas espalhadas pelos Estados Unidos, e você encontra filiais da cafeteria em todos os aeroportos de Nova York. *125 W. 55th St. – 222 Broadway – 420 5th Ave. – www.aubonpain.com*

Così. Com quase 20 lojas apenas em Manhattan, oferece sanduíches com pães feitos na hora, um diferencial em relação às outras cafeterias. *1633 Broadway at 51th St. – 60 E 56th St. nr. Park Ave. – 2186 Broadway at 77th St. – 841 Broadway at 13th St. – 11 W 42nd St. nr. 5th Ave. – www.getcosi.com*

Europa Café. Além do café, oferece sanduíches, muitos doces e pães. A rede não é tão grande quanto suas concorrentes, mas tem 16 lojas na cidade que vivem cheias de turistas. *1412 Broadway entre 39th St. e 40th St. – 1177 6th Ave. at 53rd St. – 599 Lexington Ave. – 3 Times Square.*

Le Pain Quotidien. Serve vários tipos de pães, como croissant, couque suisse, baguette, challah (só às sextas-feiras), entre outros. No café da manhã, peça waffle e ovos, que são precisamente fervidos e suculentos. Caso prefira uma salada no almoço, você encontra diversas opções, como Grilled Chicken Cobb; organic mesclun, avocado, bacon, Fourme d'Ambert, lapsang souchong vinagrette; Tuscan White Bean and Prosciutto; arugula (rúcula), shaved Parmesan, basil croutons; Smoked Atlantic Salmon; roasted beets, chèvre dressing. Há também sopas servidas em pequenas cumbucas e sobremesas francesas, como Madeleine e Almond Pound Cake. Os preços são honestos e a comida é bem satisfatória. Além das 21 lojas em Manhattan, a marca tem filiais em outros estados americanos, no Brasil, França, Bélgica, Rússia, Turquia, Emirados Árabes e outros 28 países. *1270 1st Ave. entre 68th St. e 69th St. – 1131 Madison Ave. entre 84th St e 85th St. – 1271 Ave. of the Americas entre 6th Ave. e 7th Ave. – 38 E. 19th St.*

Starbucks. Com mais de 3 mil filiais pelo mundo e duas centenas só em Manhattan, é difícil não encontrar uma Starbucks pela cidade. Serve um excelente café, chás, bolos e sanduíches. As lojas têm bons banheiros e você pode usar o Wi-Fi, que é cobrado no caixa, e ler gratuitamente o jornal do dia. Se quiser saber mais sobre a rede de cafeterias, leia *A febre Starbucks, A estratégia Starbucks, Como a Starbucks salvou minha vida,* entre outros. Entre os vários endereços da rede na Big Apple, vá ao do Empire State, que fica aberto até a meia-noite. *Outros endereços: 200 Madison Ave. – 14 W 23rd St. – 910 Manhattan Ave. – 4001 Broadway – 2600 Broadway – 1411 6th Ave. – 72 Spring St. – 30 Rockefeller Plaza Subway.*

COMER E BEBER

BRUNCH

Optar por um hotel apenas porque oferece café da manhã não é uma boa ideia. Isso porque o brunch, um mix de breakfast e lunch servido nas melhores delis da cidade, é o momento mais especial do domingo nova-iorquino. Escolha o local a dedo: a seguir você encontra algumas opções de excelente padrão, com delícias como ovos, bacon, panquecas, waffles, geleias e doces.

Clinton St. Bakery. Lugar incrível, lotado de turistas – sinal de que é ótimo. Entre as opções mais deliciosas estão as panquecas de mirtilo, os ovos Benedict e a omelete (perfeita!). Todas as receitas maravilhosas do restaurante estão reunidas no livro *Clinton Street Cookbook*, à venda em todas as livrarias. A única desvantagem é que a casa não aceita cartão de crédito. *4 Clinton St., entre a B Ave. e a Houston St. – www.clintonstreetbaking.com.*

Essex. Um brunch muito interessante, com direito a três drinques Bloody Mary, mimosa, screwdrivers e camarões, além dos pratos típicos: suco de laranja, ovos Benedict, bagel, frango, linguiça, bacon, biscoitos, omelete e panquecas. Por US$ 23, a variedade é bem grande e o atendimento é rápido. A desvantagem é a fila, por isso o ideal é chegar cedo. *120 Essex St., entre a Rivington St. e a Delancey St. – www.essexnyc.com.*

Max Brenner. Não há nada igual à deliciosa loja de chocolates Max Brenner. Parada obrigatória para quem visita Nova York, oferece opções como waffles, sanduíches, pizzas, fondues – quase tudo com um toque de chocolate, diferente e inusitado. O restaurante vive cheio de gente nova e bonita. *841 Broadway nr. 13th St. – 141 2nd Ave. – www.maxbrenner.com*

Moonstruck. Mesmo sem o glamour da concorrência dos brunches mais badalados, o Moonstruck não faz feio. A rede de lanchonetes espalhadas por toda a cidade tem um preço ótimo (na faixa de US$ 8) e deliciosos crepes, waffles com bacon e ovos, omeletes e hambúrgueres. *88 2nd Ave. – 244 Madison Ave. – 449 3rd Ave.*

Norma's At Le Parker Meridien. Dentro do Le Parker Meridien Hotel, não é dos lugares mais baratos (um brunch bem servido sai, em média, US$ 50 por pessoa), mas a experiência vale a pena. As melhores sugestões são as Norma's Super Blueberry Pancakes (US$ 21), Norma's Eggs Benedict (US$ 22) e o interessante waffle com pasta de amendoim e chocolate (US$ 22). *119 W 56th St.*

Pastis. Um dos empreendimentos do restaurateur Keith McNally (dono de casas como Balthazar, Morandi e Minetta Tavern), o Pastis – meu lugar favorito para o brunch – é um verdadeiro bistrô francês. Palco de uma cena do filme *Melinda & Melinda* (2004), de Woody Allen, o sucesso do empreendimento no Meatpacking, bairro cada vez mais descolado, foi imediato. Sempre lotado, é recomendável fazer reserva, principalmente no horário do brunch (sábado e domingo das 10h às 16h30), quando o movimento é ainda maior. Peça os champagne cocktails (até US$ 20), a sopa de cebola gratinada (US$ 15) e o steak tartare (US$ 10). Com garçons educados e muita badalação, o Pastis não é muito caro (os pratos saem, em média, por US$ 35). Só não espere encontrar gente famosa por lá, como prometem alguns guias de turismo: em geral, a multidão é composta de turistas. *99th Ave. at Little W. 12th St. – www.pastisny.com*

Sarabeth's Kitchen. Lugar muito tradicional para nova-iorquinos e turistas, aqui você encontra comida para todos os gostos. Sempre cheio aos finais de semana, o Sarabeth's está em vários endereços da cidade, inclusive ao lado do Central Park. Experimente os muffins, a sopa de tomate e os ovos do Popeye com presunto. Para beber, o drink Sarah Palmer, com vodca e chá doce, é uma boa pedida. *40 Central Park South – www.sarabethscps.com*

The Palm Court. No Plaza Hotel, é um local espetacular e cheio de charme. O brunch (US$ 35) deve ser desfrutado pelo menos uma vez na vida, e você também tem a opção de fazer o pedido à *la carte*. O destaque do menu são as deliciosas frutas vermelhas. *768 5th Ave., entre a 58th St. e a 59th St. – www.fairmont.com/thePlaza*

DELIS E COMIDINHAS

Dean & DeLuca. Uma fabulosa rede, com muitos tipos de queijos, frios, frutas e legumes frescos, vinhos, azeites, caviar e geleias, além de materiais de cozinha importados (você não encontra tudo em todas as lojas, algumas são só cafeterias com sanduíches). Na unidade do Soho, que considero a melhor, o destaque são os ótimos embutidos e uma variedade incrível de pães. *1150 Madison Ave. – 560 Broadway –*

9 Rockefeller Plz. – 10 Columbus Circle – 100 Broadway – www.deandeluca.com

Mandoo Bar. A melhor e mais barata comida coreana de Nova York. A especialidade é o famoso *mandoo*, um tipo de ravióli (frito ou cozido, recheado com verduras, frango ou porco), que dá nome ao estabelecimento. *2 W. 32nd St., entre Broadway e 5th. Ave. – www.mandoobar.com*

Murray's. Se queijo é sua obsessão, a Murray's é o lugar ideal para você. Com uma infinidade de queijos do mundo inteiro, é difícil gastar pouco. Não se esqueça também de experimentar o presunto de Parma, vendido em muitas variedades. A casa ainda oferece cursos de queijos e vinhos (até US$ 65). *254 Bleecker St. nr. 7th Ave. – Lexington Ave. at 43rd St. – www.murrayscheese.com*

Obicà. Quem gosta de uma autêntica *burrata* (queijo fresco italiano) deve ir a esse quiosque de primeira qualidade, que tem filiais em Roma, Milão, Londres e Tóquio, entre outras cidades. O local e seus produtos, como os presuntos que acompanham os queijos em sanduíches, são preciosos. *590 Madison Ave. at 56th St. (IBM Building) – 212 355 2217 – obica.com*

Pommes Frites. Uma birosca pequenina e maltratada que é um sucesso. Lá são oferecidos mais de 20 tipos de tempero para batata frita, que é vendida em cones de três tamanhos (o mais curioso é que no pequeno balcão há um espaço próprio para servir de apoio às embalagens). A desvantagem é que o óleo da fritura não é trocado com frequência, e as batatas são escuras e muito gordurosas, mas vale a pena conhecer o lugar pela novidade, além de ser um point para os turistas. *123 2nd Ave. entre 7th St. e St. Marks Pl. – 212 674-1234 – www.pommesfrites.ws*

Zabar's. A palavra fantástica define essa delicatéssen de primeiro mundo. Ao entrar na loja você encontra queijos (muitos!), barris de azeitonas, peixes defumados, salames, pães, vinhos – tudo com amostras para provar. Fundada em 1940, a loja não perdeu o charme com o tempo e continua sempre cheia. Conhecer a Zabar's é uma experiência incrível. Se não for comer, vale a pena ver os utensílios domésticos, como dezenas de cafeteiras, tudo com preço competitivo. *2245 Broadway at 80th St. – www.zabars.com*

RESTAURANTES

Adour Alain Ducasse. Um pedacinho do céu. Excelente restaurante francês do St. Regis Hotel, um dos mais caros da cidade – só pela entrada você já sabe que não gastará menos de US$ 250. Peça o que a casa oferece de melhor: como entrada, Duck Foie Gras Terrine (US$ 29), Selected Cheeses (US$ 22); no prato principal, Butter Poached Maine Lobster (US$ 48) ou o maravilhoso Prime Beef Rib-Eye Au Sautoir (US$ 49); e, para finalizar, a sobremesa Roasted Hazelnut Soufflé (US$ 15). Você encontra vinhos na faixa dos US$ 50, mas, se for para gastar sem dó, peça o conhaque Richard Hennessy (US$ 300). Também existe a opção de menu degustação, por US$ 110. *St. Regis Hotel – 2 E. 55th St. at 5th Ave. – 212-710-2277.*

Alfredo of Rome. Conhecido mundialmente, é cortejado por celebridades, coisa que o próprio Alfredo (homônimo de seu famoso prato de macarrão) demonstra com centenas de fotos espalhadas pelo restaurante, como as de Pelé e de Frank Sinatra. Os clientes são muito bem atendidos e servidos. Não deixe de pedir o fettuccine Alfredo (US$ 22). *Rockefeller Center – 4 W. 49th St. nr. 5th Ave. – www.alfredos.com.*

Artisanal. Vá para comer a fantástica seleção de queijos (mais de 200 variedades!) desse maravilhoso restaurante. Você também pode pedir fondue (US$ 24), sopa de cebola (US$ 12) ou paella (US$ 26). Na opção de preço fixo, o almoço com entrada, um prato principal não muito surpreendente e sobremesa (que pode ser o *crème brûlée*) sai por US$ 24. Mas o grande lance da casa é comer queijo – peça ao garçom que leve você ao fundo do restaurante para escolher sua seleção, uma aventura gastronômica imperdível. A melhor e mais reservada mesa fica em frente a uma prateleira de vinhos, em uma entradinha chamada La Cave. É bom para casais, mas, por outro lado, você perde a vista dos pratos que circulam e o burburinho. Vai do gosto de cada um. *2 Park Ave. at 32nd St. – 212-725-8585. A entrada é pela Rua 32, entre a Park Ave. e a Madison Ave. www.artisanalcheese.com*

Babbo. Restaurante italiano de ótima qualidade e preço razoável. Ao sentar, pergunte ao chef Mario Batali se é temporada de caranguejo – se for, sorte sua! Peça sem culpa a especialidade cozida com uma tremenda maestria. Outras opções bacanas são pato, cordeiro e ossobuco

COMER E BEBER

(os pratos custam em média US$ 30 e o menu degustação, de US$ 69 a US$ 75). Na sobremesa, fique com o Chocolate Hazelnut Cake (US$ 12). Não se esqueça da seleção de queijos (de US$ 12 a US$ 18). Tudo fantástico! Faça reserva com antecedência. *110 Waverly Pl. nr. 6th Ave. – 212-777-0303 – www.babbonyc.com*

Del Posto. Outro restaurante de Batali, tem uma estrela no guia Michelin, um atendimento exemplar e é uma experiência gastronômica excelente. No preço fixo, você pode pedir o Il Menu del Posto (US$ 95) ou o Menu Alla New Yorkese (US$ 145), que saem mais em conta. Caso opte pelos pratos à *la carte*, vá de risoto de lagosta, a especialidade da casa. *85 10th Ave. nr. 16th St. – 212-497-8090 – www.delposto.com*

Eataly. Idealizado por Mario Batali, é o point do momento, diariamente lotado de turistas e nova-iorquinos. Com uma decoração incrível, reúne vários restaurantes com preços razoáveis, como La Piazza, Manzo, Birreria, Il Pesce, Le Verdure, La Pizza & La Pasta, Pranzo, Panini e Rotisserie. Lá você também encontra padarias, locais para degustação de queijos e vinhos e para comprar acessórios de cozinha. *200 5th Ave.*

Balthazar. Restaurante transado do chef Keith McNally, dono do Pastis. Os toldos vermelhos chamam logo a atenção do lado de fora e, por dentro, o lugar é muito sofisticado, com a cara de uma *brasserie*. Enquanto você espera na fila, vale a pena experimentar os pães e doces da padaria ao lado (Balthazar Bakery). Uma vez dentro, peça o estrogonofe de massa com carne e as ostras. Os vinhos são de primeira, e a casa também oferece brunch aos sábados e domingos. Os pratos custam em média US$ 18. *80 Spring St. at Crosby St. – www.balthazarny.com.*

Morandi. Mais uma casa de McNally, com uma cozinha italiana maravilhosa. O restaurante não é caro, e o cardápio é diferente no almoço (peça o farfalle com cavolo nero, US$ 15) e no jantar (vá de risotto castelmagno e vinho, US$ 20). Os vinhos também são baratos, com taças a partir de US$ 7 e garrafas por US$ 29, embora o lugar ofereça rótulos extravagantes, como o Brunello di Montalcino Riserva Biondi-Santi 1985 (US$ 800). *211 Waverly Pl. at Charles St. – 212-627-7575 – www.morandiny.com*

Bar Pitti. É o queridinho dos brasileiros descolados, que descobriram no restaurante italiano um point nova-iorquino com preço bem honesto (não mais do que US$ 30 por pessoa). Peça almôndegas de vitelo ou lasanha e não abra mão da *burrata* como entrada, acompanhada por uma taça de vinho. Embora as mesas para dois sejam pequenas, quem vai ao Bar Pitti sempre volta, pelo atendimento simpático e a comida saborosa. *268 6th Ave., Greenwich Village.*

Brasserie. Pouco divulgado em guias de Nova York, esse restaurante francês tem uma decoração fantástica e pratos ótimos, como a sopa de cebola com queijo gruyère (US$ 12,50) e o filé mignon (US$ 26). O brunch também é superagradável, mas não aconselho levar as crianças, porque o melhor é aproveitar o lugar descolado. *100 E. 53rd St. nr. Park Ave. – 212-751-4840 – www.patinagroup.com.*

Daniel. Uma das casas do francês Daniel Boulud, que tem alguns dos melhores restaurantes do mundo, inclusive com boas notas no guia Michelin: Café Boulud, DB Bistrô Moderne, Bar Boulud e DBGB Kitchen & Bar. O Daniel é impecável, com pratos divinos que podem ser pedidos no menu com preço fixo (a partir de US$ 108 por pessoa) ou *à la carte*. O ideal é fazer reserva antes, e os rapazes só entram de terno e gravata. *60 E. 65th St. nr. Madison Ave. – 212-288-0033 – www.danielnyc.com*

Café Boloud. Excelente comida e atendimento primoroso. Peça *foie gras*, pato ou caranguejo do Alasca (Sea Urchin Bucatini). Os pratos, todos maravilhosos, custam entre US$ 20 e US$ 50, mas existe a opção de preço fixo a partir de US$ 37, com entrada, prato principal e sobremesa. O almoço é sempre mais barato do que o jantar. *20 E 76th St. – www.cafeboulud.com/nyc*

Carmine's. O restaurante italiano é muito bom, com porções que dão para três pessoas. A unidade da Broadway é minha preferida, com o cardápio escrito na parede e inúmeras fotos de ídolos, como o músico Enrico Caruso, completando a decoração de uma típica cantina. Entre os vários pratos bem servidos (vá com fome!), o *must* são as almôndegas gigantes (US$ 16). A salada Caesar é generosa, com nacos enormes de parmesão, e você pode pedir o vinho da casa (rótulo próprio) para

COMER E BEBER

acompanhar. O shrimp scampi (US$ 31,50) também é uma ótima opção. Embora seja possível fazer reserva, a fila anda bem rápido, pois o lugar é grande, e o atendimento, ligeiro. *200 W. 44th St. nr. Broadway – 140 Beekman St. at Front St. – www.carminesnyc.com*

Gallagher's Steak House. O encanto começa ao chegar ao local, pois a vitrine é o açougue do restaurante, e as carnes, lindas, fazem você entrar com fome. O porco, a lagosta e a carne de vaca são estupendos – peça os três se não tiver medo de uma indigestão: prime rib (US$ 43), maine lobster e filet mignon steak (US$ 43). Não se esqueça das batatas cozidas, sem dúvida as melhores que já comi. Para beber, aceite a sugestão do garçom: vinho B. R. Cohn (US$ 45). Recomendo fazer reserva. *228 W. 52nd St. nr. Broadway – 212-245-5336 – www.gallaghersnysteakhouse.com*

Serafina. Minha rede favorita de Nova York, com os restaurantes Serafina, Serafina at the Time Hotel, Serafina Broadway, Serafina Fabulous Pizza e Serafina Osteria, com cardápios variados. No Serafina, comece pela Bruschetta (US$ 7), com tomates maravilhosos, depois peça o La Burrata (salmão defumado com queijo burrata, US$ 17) ou o Risotto "Veuve Clicquot" (US$ 24), e para sobremesa opte pelo Souffle Di Cioccolato (US$ 8) e o tiramisù (US$ 8). Outras opções são massas e pizza. *1022 Madison Ave. nr. 79th St. (Fabulous Pizza) – 38 E. 58th St. nr. Madison Ave. (Serafina Osteria) – 210 W. 55th St. at Broadway (Serafina Broadway) – 61 St. entre Madison e Park Ave. (Fabulous*

COMER E BEBER

Grill) – 49th Broadway (Serafina at the Time Hotel) – www.serafinarestaurant.com

Geisha. Recentemente aberto no Rio de Janeiro, é do proprietário da rede Serafina. Com o mesmo capricho em qualidade e atendimento, tornou-se um dos restaurantes japoneses mais descolados de Nova York. Opte pelo sanduíche de atum e trufa preta (US$ 19) se estiver com pouco apetite. Não deixe de comer, na entrada, o pirulito de camarão e os bolinhos de lagosta – se não gosta de frutos do mar, peça o filé mignon (US$ 34). A casa está sempre cheia, então faça reserva. *33 E. 61 St. nr. Madison Ave. – www.geisharestaurant.com*

Union Square Cafe. Uma das casas de Danny Meyer, dono do Tabla, Eleven Madison Park e Gramercy Tavern e vencedor de diversos prêmios gastronômicos, como o James Beard Awards e o Share Our Strength. Considerado um dos nova-iorquinos mais influentes segundo a *New York Magazine*, o restaurateur é autor do livro *Hospitalidade e negócios,* que revela histórias e dicas sobre o mercado milionário dos restaurantes de Nova York. No Union Square Cafe, é difícil escolher um entre os vários pratos saborosos, mas os destaques são o Housemade Whole Wheat Fettuccine with Speck, Roasted Onions and Radicchio (US$ 16) e, para sobremesa, a inesquecível Banana-Bourbon Butter Filled Crêpes, Candied Walnuts and Crème Fraîche (US$ 9,50). O vinho é barato, e você pode escolher a taça ou a garrafa de rótulos italianos, franceses e portugueses – peça o Moscato Passito, Piasa Rischei, Forteto della

Luja, Piedmont (US$ 80 a garrafa). Com atendimento excelente, comida bem preparada e preço honesto, o restaurante seria minha escolha se eu tivesse que decidir por um único restaurante em toda a minha estada em Nova York. O ideal é fazer reserva com um mês de antecedência. *21 E. 16th St., próximo à Union Sq. West – 212 243 4020 – www.unionsquarecafe.com*

Gramercy Tavern. Mais um empreendimento de Danny Meyer, o lugar é delicioso e aconchegante, com as mesas bem próximas umas das outras. A comida é sazonal, porque depende da colheita dos fazendeiros locais, que fornecem alimentos frescos. Boas opções são a lasanha de shiitake, muito diferente, o pappardelle de lagosta e o ravióli de aipo. Em geral, a refeição vai custar entre US$ 30 e US$ 80 por pessoa, mas você também pode pedir o menu degustação. *42 E 20th St. – www.gramercytavern.com*

Jean-Georges Restaurant. Um dos quatro restaurantes de Jean-Georges Vongerichten, francês da Alsácia, onde dificilmente você vai conseguir uma mesa se não fizer reserva com semanas de antecedência (geralmente é mais fácil no almoço). O Prix Fixe Menu começa com dois pratos, na faixa de US$ 98 por pessoa, e o preço aumenta conforme a quantidade de pratos que você deseja degustar. As sobremesas não estão inclusas, mas vale a pena pedir qualquer uma delas, pois são maravilhosas. Uma boa opção de vinho é o Cru 22, um Chardonnay de Hamptons (US$ 75). *Trump International Hotel – 1 Central Park West, at 60th St. – 212-299-3900 – www.jean-georges.com*

COMER E BEBER

L'atelier de Joël Robuchon. Casa do elogiadíssimo Joël Robuchon no Hotel Four Seasons em Nova York (o chef também tem restaurantes em Paris, Tóquio, Las Vegas e Londres) – faça reserva, caso contrário será impossível conseguir uma mesa. Comer no ateliê de Robuchon não é apenas um sonho, mas uma viagem gastronômica. Os raviólis de *foie gras* com warm chicken e caldo de ervas orientais saem por US$ 30 – mas não se engane: uma refeição completa para dois, com taxas e gorjeta, fica em média US$ 300. Apesar de o Four Seasons ser um hotel de primeira, a decoração não é das mais luxuosas. *Prix fixe com nove pratos US$ 190 por pessoa. Four Seasons Hotel, 57 E 57th St. nr. Park Ave. – 212 350 6658 – www.fourseasons.com*

L'Ecole at The International Culinary Center. O restaurante-escola é bom, bonito e barato. Os alunos nos usam para seus projetos culinários – e nós adoramos. O cardápio muda mensalmente, assim como os aprendizes, por isso você pode ter mais ou menos sorte com as opções e o talento dos chefs. É possível pedir *à la carte* ou por preço fixo, e ambos são baratos (o prix fixe sai por US$ 27 no almoço e US$ 44 no jantar, com três pratos). Às vezes você encontra mesa na hora do almoço, mas é melhor não arriscar e fazer reserva. Fechado aos domingos. *462 Broadway at Grand St. – 212-219-3300 – www.frenchculinary.com*

Le Bernardin. É um dos quatro restaurantes de Nova York que possuem três estrelas no guia Michelin. Com serviço e comida impecáveis e uma decoração linda, pode ser considerado o melhor restaurante francês da cidade – e por isso é um pouco mais caro. Comece pelos mariscos, que são fresquíssimos e abrem o apetite. Depois, peça peixe. Não tem erro: é um dos lugares mais deliciosos para se comer frutos do mar. E não esqueça o paletó! *Prix fixe menu almoço US$ 76 | Jantar prix fixe US$ 135 por pessoa | US$ 336 por pessoa, com vinho (menu degustação do chef) – www.le-bernardin.com*

Lombardi's Pizza. A pizzaria mais antiga de Nova York, tradicionalíssima e equipada com fogão a lenha. A melhor parte é o preço: as pizzas grandes (oito pedaços) saem por US$ 23,50, e as menores (seis pedaços), por US$ 19,50. Na fachada da casa, que abre a partir das 11h30 para o almoço, você encontra a imagem de Mona Lisa segurando uma pizza e, do lado de dentro, as mesinhas cobertas por toalhas xadrez branco e vermelho. *32 Spring St. – www.firstpizza.com*

Michael Jordan's The Steakhouse. Com um enorme pé-direito, lustres maravilhosos e cadeiras de couro e de veludo, essa steakhouse na estação Grand Central não é só um local para se deliciar com o ambiente, mas também com os excelentes pratos – vá de barriga vazia, pois a quantidade de comida é bem generosa. Entre as várias opções, peça o New York Strip (US$ 41) ou o Bone-in Rib Eye (US$ 42). Você pode conseguir uma mesa com apenas um dia de antecedência e, às vezes, dá até para arriscar ir sem reserva. Aproveite para passear pelo minishoping da Grand Central. *Grand Central Terminal – 23 Vanderbilt Ave. nr. 43rd St.– 212-655-2300 – www.theglaziergroup.com*

COMER E BEBER

Momofuku Ko. Quem gosta de comida japonesa pode colocar esse restaurante como primeiro na lista. O problema é conseguir uma reserva, que deve ser feita com pelo menos uma semana de antecedência. Antes das 11h, a casa já está lotada. Os especialistas e alucinados por esse tipo de comida sugerem Triangles of Pork Belly, Egg Cooked Sous Vide, Osetra Caviar From Its Yolk e Flakes Soaked in Milk with Salted Avocado para a sobremesa. Você pode demorar um pouco para achar o restaurante, pois o local é discreto e quase imperceptível. *Menu degustação no jantar US$ 125 | Menu degustação no almoço US$ 175 | Prix fixe com dez pratos US$ 85. 163 First Ave. nr. 10th St. – www.momofuku.com*

Mr. Chow. Famoso por ter a melhor comida chinesa, que não é chinesa, serve o delicioso pato Pequim, um dos pratos mais conhecidos da casa. Lá se gastam no mínimo US$ 50 por pessoa, por isso o ideal é pedir o menu degustação, que sai por US$ 80 (mais 18% de gorjeta), com entrada, prato principal e sobremesa. Prove o inesquecível martíni de lichia. *324 E 57th St. – 121 Hudson St.*

Curiosidade. O pato Pequim é uma receita milenar, servido pela primeira vez por volta de 1300, nas cortes imperiais da China. Os patos eram criados especialmente para a ocasião, temperados com molhos específicos, assados em fornos especiais e comidos com crepes muito finos, cuidadosamente cortados.

COMER E BEBER

Nobu Fifty Seven. Um dos melhores restaurantes japoneses de Nova York, comandado pelo chef Nobuyuki Matsuhisa e cofundado pelo ator Robert De Niro. Para quem gosta de carne, como eu, a casa oferece o famoso bife Kobe-style (Washu por US$ 17 ou Wagyu por US$ 26). Termine com a sobremesa Orange-Saffron Cremoso (US$ 26). Mas o carro-chefe é o Rock Shrimp Tempura com ponzu ou molho creamy spicy (US$ 19). O restaurante também serve menu degustação (de US$ 100 a US$ 150). *40 W. 57th St. nr. 5th Ave. – 212-757-3000 – www.noburestaurants.com*

Next Door Nobu. Mais barato e menos lotado que seu irmão Nobu Fifty Seven, com filas apenas nos finais de semana, serve deliciosos e elaborados pratos da culinária japonesa, com destaque para a lula, o bacalhau e o *tempura*. Para sobremesa, peça o suflê de chocolate com sorvete de chá-verde. O ambiente é aconchegante e vale a pena chegar cedo para ser logo atendido. *105 Hudson St. nr. Franklin St. – 212-334-4445 – www.noburestaurants.com*

Tribeca Grill. No festejado restaurante do ator Robert De Niro, que já foi cenário do seriado *Gossip Girl,* você paga mais pela badalação do que pela qualidade. Não que seja ruim, mas pelo mesmo preço existem excelentes escolhas na cidade e menos estresse na fila. As entradas variam entre US$ 10 e US$ 15, e boas opções são a sopa de cebola (US$ 10) ou a salada verde (US$ 9). No jantar, você pode comer o prato mais caro, um risoto (herb crusted rack of colorado lamb, US$ 38), acompanhado pelo vinho sugerido pelo chef, o Pinot Noir (US$ 65). Observe as

COMER E BEBER

pinturas da parede: são de autoria do pai de Robert De Niro e estão à venda. *Brunch aos domingos das 11h30 às 15h. No brunch você também pode optar pelo preço fixo de US$ 19. 375 Greenwich St. at Franklin St. – 212-941-3900 – www.myriadrestaurantgroup.com*

Oliver Garden. A rede conta com quase mil restaurantes italianos, inspirados na culinária toscana. Os pratos são bem servidos e baratíssimos (em média US$ 25 cada). Não tem erro: a casa tem opções para quem gosta de carne, frango e massa. Um delicioso prato, o mais vendido da rede, é o Zuppa Toscana, que é uma sopa de linguiça, pimenta e espinafre. Para as crianças, peça o frango com macarrão (chicken alfredo). O restaurante está sempre cheio e não aceita reserva, mas não se preocupe: por ser enorme, você logo será atendido. *696 Avenue of the Americas – 2 Times Square.*

Per Se. Com nota máxima no guia Michelin, uma cozinha de US$ 13 milhões e aplaudido por todos os críticos gastronômicos, o Per Se precisa de reservas com muita antecedência. Talvez nem um mês antes você consiga uma mesa para jantar – o melhor é tentar o almoço e, de quebra, você ainda aprecia a vista durante o dia. Peça o tasting menu (prix fixe de US$ 185 a US$ 295), que muda todos os dias, e uma garrafa de vinho (a partir de US$ 120). Para saber mais sobre o rígido e interessante funcionamento da Per Se, leia o livro da ex-garçonete Phoebe Damrosch, *Um menu de aventuras. 10 Columbus Circle, 4th fl. at 60th St. – 155 W 515 St. nr. 7th Ave. – 212-823-9335.*

COMER E BEBER

Plataforma. Se você quer comer na melhor steak house de Manhattan, vá à brasileira Plataforma. Uma unanimidade, o lugar é fantástico, com serviço de primeira e garçons brasileiros. Tudo é ótimo: a costela, a linguiça, o frango, a sobremesa. Com preço honesto (no almoço, US$ 40, US$ 20 para crianças de até 10 anos e US$ 6 para crianças de até 5 anos. O jantar sai por US$ 63 para adultos) e comida muito boa, a casa tem frequentadores fiéis entre os nova-iorquinos. *316 W. 49th St., nr. 8th Ave. – www.churrascariaplataforma.com*

Rao's. Tradicional casa italiana do Harlem, já foi o maior ponto de encontro de mafiosos e artistas – no filme *O Lobo de Wall Street,* o personagem de Leonardo DiCaprio se encontra com seu advogado nesse restaurante. É um dos poucos lugares em que você realmente encontra celebridades. Peça Insalata Frutta di Mare, Baked Clams, Meatballs e Big Fat Veal Chops. Como está sempre cheio, o ideal é fazer reserva com alguns meses de antecedência. Não aceita nenhum cartão de crédito, só dinheiro. *455 E. 114th St. at Pleasant Ave. – 212-722-6709 – www.raos.com*

Red Lobster. Uma impressionante rede que não para de crescer em todo o mundo, com mais de 700 lojas e um faturamento de US$ 2 bilhões por ano. Oferece mais de cem variedades de frutos do mar e lagostas para você escolher e devorar como fast food. Em Nova York, infelizmente, só existe uma unidade na Times Square, centro nervoso da cidade, mas com bom atendimento e preço honesto, como US$ 42 por caranguejos gigantes do Alasca ou US$ 12 por bolinhos de frutos do mar. Peça como entrada as deliciosas patinhas de caranguejo e pão de alho. Quem não gosta de frutos do mar pode optar por frango ou sopas. *5 Times Square – 261 W 125th St.*

The Grand Central Oyster Bar. Dentro da Grand Central, o restaurante subterrâneo de arquitetura luxuosa funciona desde a inauguração da estação, em 1913. Lá você encontra desde um balcão de sanduíches até caranguejo e lagosta. Opções maravilhosas são a sopa de mariscos e as ostras, que além de serem frescas são servidas em quase 50 variedades. A casa também oferece brunch e geralmente não precisa de reserva: é só chegar e sentar. *Fechado às segundas. Grand Central Terminal – 89 E. 42nd St. at Vanderbilt Ave. – www.oysterbarny.com*

The Russian Tea Room. Típico restaurante russo de primeira linha. Comece pelo caviar: Beluga Farm Raised (US$ 250) ou Imperial Iranian Osetra (US$ 295). Há ótimas sugestões de pratos por uma média de US$ 40, como o inigualável *boeuf à la stroganoff*. A casa também oferece brunch, que não é barato, mas vale a pena pelo clima russo. *150 W. 57th St. nr. 7th Ave. – www.russiantearoomnyc.com*

Curiosidade. Nos restaurantes das melhores estrelas da gastronomia nova-iorquina não há decepção: o lugar, o atendimento e a comida são impecáveis.
– **Alain Ducasse**: *Alain Ducasse Restaurant, Benoit.*
– **Daniel Boulud:** *Café Boulud, DB Bistrô, Bistrô Moderne, Daniel.*

COMER E BEBER

– ***Danny Meyer***: *Eater, Union Square Cafe, Maialino, Eleven Madison Park.*
– ***David Bouley:*** *Bouley Restaurant, Test Kitchen e Brushstroke.*
– ***Jean-Georges Vongerichten:*** *Jean-Georges Restaurant.*
– ***Keith McNally's:*** *Pastis, Balthazar, Morandi e Pravda.*
– ***Mario Batali:*** *Eataly, Babbo, Esca, Esteria, Otto e Manzo, Del Posto.*

HAMBÚRGUER

Burger Joint. Ao entrar no Meridien você dificilmente vai encontrar o Burger Joint, pois a lanchonete fica escondida atrás de uma cortina, com decoração totalmente diferente do estilo do hotel – o letreiro cafona em néon, pôsteres e tijolos. Não deixe que isso o desanime e peça logo seu hambúrguer, um dos melhores da cidade. Coma também as fritas, que lembram as do McDonald's, e beba o milk--shake, uma boa pedida no final da noite. Você vai gastar em média US$ 20, em dinheiro, porque eles não aceitam cartão. *Aberto das 11h às 23h30 de domingo a quinta, e de 11h à meia-noite às sextas e sábados. Le Parker Meridien – 119 W. 56th St. nr. 6th Ave. – www.parkermeridien.com*

DB Bistro Moderne. Casa de Daniel Boulud, é famosa pelo DB Burger com trufa e *foie gras* (US$ 32). Se pedir um prato, opte pelo interessante sauteed skate wing, um peixe coberto com amendoim torrado e, para a sobremesa, peça o mango creme tart com mini mango crepes. O atendimento é primoroso: logo que você chega no restaurante servem um pão e manteiga. *55 W. 44th St. nr. 5th Ave. – www.danielnyc.com.*

COMER E BEBER

Johnny Rockets. Hamburgueria estilo anos 1950, super-retrô, faz você se sentir nessa época. Os preços são baixos, principalmente as fritas e saladas. Mas não há excelência nos pratos: hambúrguer por hambúrguer, a casa perde para a concorrência. *42 E. 8th St., at Greene St. – 930 3rd Ave. at 56th St.*

New York Burger Co. Já foi eleito o melhor hambúrguer da cidade, mas hoje sofre com a concorrência, embora continue delicioso. As fritas são crocantes e suculentas, e há uma variedade incrível de hambúrgueres e molhos, como American, Cheddar, Swiss, Monterrey Jack e Blue. Além de batata, peça a cebola frita e, para sobremesa, opte por um smoothie ou shake (sugiro o Elvis: banana, manteiga de amendoim, xarope de chocolate e sorvete de chocolate holandês). *678 6th Ave. nr. 21st St. – 303 Park Ave. South nr. 23rd St. – www.newyorkburgerco.com*

PJ Clarke's. Um ícone de Nova York, que abriu as portas em São Paulo em 2008. Peça seu hambúrguer (não sai por mais de US$ 20) e batata frita com queijo. É difícil fazer uma má escolha, mas eu sugiro o BLTE Burger, com bacon, ovo, alface e tomate (US$ 17,50). Outra opção bacana são os eggs Benedict, e também vale a pena experimentar uma das muitas cervejas que a casa oferece. *915 3rd Ave. – Lincoln Square – 44 W 63rd St.*

Pop Burger. A rede, além de servir deliciosos hambúrgueres, oferece muitos drinques (nem um pouco baratos, todos em torno de US$ 15). O hambúrguer tem preço mais honesto, em torno de US$ 10. Uma boa pedida são os mini-hambúrgueres. O burger pop com anéis de cebola também é muito atraente, acompanhado por batatas fritas de corte grosso. *14 E. 58th St., nr. 5th Ave – 58-60 9th Ave., nr. 15th St. – www.popburger.com*

Shake Shack. Danny Meyer abriu esse local com o intuito de arrecadar fundos para ajudar a manter o Central Park. Os hambúrgueres são fantásticos e as fritas são ótimas. Para beber, peça uma grape ou uma boa cerveja. As filas são enormes, pois não são só turistas que comem na badalada lanchonete; no final da tarde é mais tranquilo. *Março a outubro: aberto diariamente das 11h às 23h. Novembro a fevereiro: aberto diariamente das 11h às 19h. Madison Square Park – Madison Ave. at 23rd St. – www.shakeshacknyc.com*

GULOSEIMAS

Candy Bar. A deliciosa loja da filha do estilista Ralph Lauren fica atrás da Bloomingdale's. A entrada já é muito diferente, com uma escadaria repleta de doces no interior e modelos na vitrine vestindo roupas feitas de papel de bala. Há uma variedade única e criativa de balas e chocolates, vários feitos na Bélgica. A maioria dos produtos é original e personalizada, com embalagens supercriativas, que merecem até ser colecionadas. Sem dúvida, é a opção número 1 no setor de guloseimas. *1011 3rd Ave., at 60th St. – www.dylanscandybar.com*

Chocolate Bar. A loja oferece chocolate para todos os gostos, desde uma entrada até refeição, e também serve outras comidinhas, como o sanduíche de atum, indicação da *New York Magazine*. As embalagens retrô nos fazem pensar em como nossos pais comiam chocolate. *712 5th Ave. 3rd fl, nr. 56th St. (na loja da Henri Bendel) – 19 8th Ave., nr. Jane St. – www.chocolatebarnyc.com*

Garret Popcorn Shop. Com a mesma proposta da primeira loja de pipoca da cidade, a Dale and Thomas, que funcionava na Times Square, a Garret vende sacos enormes de pipoca doce, com chocolate, caramelo, manteiga e balas. As guloseimas são vendidas em grandes latas e ainda é possível misturar sabores, uma tentação! O visual já faz valer a pena visitar a loja. *242 W 34th. St. – 1 Penn Plaza – www.garretpopcorn.com*

Godiva. Considero essa uma das melhores lojas de chocolate do mundo, e essa opinião certamente não é só minha. A loja foi fundada em 1926 na Bélgica e seu nome é uma homenagem a Lady Godiva (aquela que, segundo a lenda, cavalgou nua pelas ruas de uma cidade da Inglaterra). A primeira filial em Nova York foi aberta em 1972 e, em 2007, a empresa foi vendida para a turca Ülker por US$ 850 milhões. O cacau é de primeira, e os chocolates são feitos à mão – as máquinas são usadas apenas para a embalagem. Na entrada, já dá pra pedir um enorme morango mergulhado em chocolate preto ou branco (US$ 6,50), uma delícia! Peça também o seu chocolate quente e pérolas de chocolate preto ou branco. Você nunca mais será o mesmo. *33 Maiden Lane – 793 Madison Ave. – 21170 World Financial Ctr. – 745 7th Ave. – 245 Columbus Ave. – 1460 Broadway – 2325 Broadway – 200 Park Ave. – 30 Rockfeller Plz. – 560 Lexington Ave. – www.godiva.com*

COMER E BEBER

Hershey's Times Square. É uma tremenda loja "pega turista", sempre cheia deles. Mas, se você estiver na Times Square com seus filhos pequenos, é uma opção barata para agradar as crianças. *1593 Broadway, at 48th St. – www.hersheytimessquare.com*

Jacques Torres. Jacques Torres nasceu na Riviera Francesa. Começou como ajudante em um pequeno restaurante e logo se tornou o doceiro mais conhecido da França, acumulando inúmeros prêmios. De lá, foi para o prestigiado restaurante nova-iorquino Le Cirque. Em 2000, montou sua primeira loja de chocolates, no Brooklyn, que atraía centenas de clientes de Manhattan – depois, vieram as fábricas, mais lojas e vendas pela internet. Na casa de Jacques Torres, você prova um chocolate quente inigualável e cremoso e delícias como o chocolate chip cookie, tudo feito artesanalmente. A loja parece a fábrica de Willy Wonka, e há sempre novos sabores, como melão, limão e chili. Uma barra de chocolate com seu nome estampado custa apenas US$ 4,50. *66 Water St., nr. Main St. (Dumbo) – 350 Hudson St., at King St. (Soho) – 285 Amsterdam entre 73nd St. e 74th St. – 75 9th Ave. (Meatpacking District) – www.mrchocolate.com.*

Lindt Chocolate Shop. Deliciosa e pequena loja perto do Central Park – impossível não entrar. Ao chegar, você é agraciado com uma trufa servida gratuitamente. Há uma variedade incrível de bombons vendidos por peso, além de diversos tipos de chocolates. Poucas pessoas diferenciam o Godiva, que é belga, do Lindt, que é suíço

COMER E BEBER

e foi fundado em 1845. Em relação à qualidade, as duas marcas são excepcionais. *692 5th Ave – 665 5th Ave. – www.lindt.com*

M&M's World. Perto da Hershey's, é uma loja temática e muito mais cara do que qualquer outro lugar, como supermercados, delis e farmácias, mas tem um charme diferencial. Lá você pode escolher a cor e a quantidade que quiser de M&M's. Além de inúmeros chocolates, a casa vende porta-retratos, camisas, canetas e vários outros supérfluos. *Times Square – 1600 Broadway entre 48th St. e 49th St.*

Magnolia Bakery. Para quem gosta de cupcakes, esse lugar é único e ficou ainda mais badalado depois de aparecer no seriado *Sex and the City*. Além dos conhecidos bolinhos, também sugiro a torta de banana, uma maravilha. A loja é um sucesso há muitos anos e é visita obrigatória. *401 Bleecker St. – 200 Columbus Ave. – 1240 Ave. of the Americas – www.magnoliacupcakes.com*

Maison du Chocolat. Outra grande loja de chocolates de Nova York. Todos os chocolates são excelentes, mas gosto mais dos *macarons*. De qualquer forma, é impossível não se deliciar com a pequena loja. Prove pelo menos a trufa de champanhe, se você não quiser gastar muito ou se estiver enjoado. Um pequeno custo para um grande prazer. – assim defino essa trufa. *1018 Madison Ave. at 78th St. – 30 Rockefeller Plz. – www.lamaisonduchocolat.com*

Minamoto Kitchoan. Uma loja de doces japoneses. Entre os meus prediletos, estão o taiyaki, pequenas panquecas doces com azuki (feijão-vermelho), e as guloseimas de kiwi. Você não consegue parar de comer e experimentar cada um dos doces, que são expostos como se fossem preciosidades. Nenhum sai por mais de US$ 5. *608 5th Ave. – Rockefeller Center – 212 489-3747.*

Peanut Butter & Co. O local ideal para comer delícias de amendoim. A casa fica muito cheia, mas vale a pena esperar pelos potes e mais potes de pasta de amendoim e as invenções de sanduíche bastante inusitadas, como Nutella e pasta de amendoim; mel e pasta de amendoim; bacon, pasta de amendoim e pão tostado, entre outras. Prove também as sobremesas, como cookies de amendoim e tiramisù com amendoim. *240 Sullivan St. – www.ilovepeanutbutter.com*

Rice to Riches. Não vende chocolate, muito menos balas, vende arroz-doce. É uma das paradas obrigatórias na cidade. A loja apareceu no filme *Hitch, o conselheiro amoroso* (2005) e possui 21 sabores de arroz-doce, como chocolate, coco, caramelo e café. A porção é servida em vários tamanhos e todas vêm acompanhadas por uma embalagem especial de plástico, que você pode levar para casa. Há serviço de entrega, mas é divertido conhecer a loja, que tem um design premiado e elogiado por diversas publicações. *37 Spring St., nr. Mulberry St. – 212-274-0008 – www.ricetoriches.com*

Vosges Haut-Chocolat. Oferece chocolates diferentes e de ótima qualidade. Meu predileto é o Bacon + Chocolate (US$ 7,50). É claro que existem os chocolates ao leite e amargos, os orgânicos e os sem açúcar, mas o forte da loja são as trufas, que têm até ouro comestível com champanhe (nove unidades por US$ 29). Entre os exóticos, experimente o de pimentões Guajillo. *1100 Madison Ave., nr. 83rd St. – 132 Spring St., nr. Greene St. –www.vosgeschocolate.com*

ORGÂNICOS

Whole Foods. A maior rede de lojas de produtos orgânicos dos Estados Unidos. Tem grande variedade: grelhados, frutas, sushi, pastas, diversas marcas de vinho, queijos, ostras, sorvetes, frutas, vegetais, flores e outras novidades. O interesse em cativar o cliente é tamanho que seus funcionários, chamados de colaboradores, recebem diariamente uma quantia em dólar para gastar com o cliente na loja. Funciona assim: se um cliente fica na dúvida se leva ou não um produto, o colaborador paga e dá de presente ao cliente. *95 E Houston St. – 4 Union Sq. South – 250 Seventh Ave. – 10 Columbus Circle (subsolo do complexo Warner) – www.wholefoodsmarket.com*

BARES

230 Fifth. Com uma vista maravilhosa para o Empire State, tem gente rica e bonita. O restaurante é delicioso, e quinta-feira é o melhor dia para o happy hour. *Aberto das 16h às 4h de segunda a sexta, e das 11h às 4h nos finais de semana. 230 5th Ave., 20th fl, at 27th St. – 212-725-4300 – www.230-fifth.com*

Blue Note. O local é o máximo: ninguém menos que Ray Charles e B.B. King se apresentaram ali. Embora seja mais cara do que as outras casas de espetáculo, é uma ótima pedida ver um show lá. São servidos dois jantares por noite, junto com as apresentações. Nas revistas *Time Out* ou *New York Magazine*, você encontra informações sobre o show da semana. *131 W. 3rd St. nr. MacDougal St. – www.bluenote.net*

Bowlmor Lanes. A casa mais tradicional de boliche de Nova York, erguida em 1938 e muito frequentada por estudantes da New York University. Além de artistas como Drew Barrymore e Matt Damon, você encontra azaração e famílias. A filial da Times Square é mais cheia que a da University Place, embora seja maior e dividida em vários ambientes. Para comer, você pode pedir hambúrguer, salada, *nachos*, frango grelhado, pizza – tudo no verdadeiro estilo *junk food* e acompanhado por muitos drinques. *110 University Place, entre 12th St. e 13th St. – 222 W 44th St. (Times Square) – www.bowlmor.com*

Iridium. Uma das casas de jazz mais badaladas da cidade, lotada de turistas. Embora seja um bom lugar, com programas excelentes, pense duas vezes antes de ir, pois é muito cheia. Lá você ouve sempre um bom jazz enquanto saboreia uma comida razoável. *Aberto das 20h à meia-noite – 1650 Broadway, at 51 St. – 212 582-2121 – www.iridiumjazzclub.com*

Pravda. O empreendimento de Keith McNally é uma verdadeira viagem e realmente parece que você está em um bar na Rússia: é subterrâneo, decorado com lâmpadas no estilo russo e cadeiras vermelhas. As bebidas são boas, como ginger vodka, bloody mary, snow queen martini (Kazakhstan) e, em especial, o martíni de pera. A comida, seguindo o tema russo, não deixa de fora uma seleção de caviar, patês com pães quentes e manteiga e deliciosas batatas fritas, que são uma ótima escolha para quem não quer gastar muito. *281 Lafayette St. nr. Prince St. – 212-226-4944 – www.pravdany.com*

Spicy Market. O bar do famoso chef Jean-Georges Vongerichten está localizado no badalado distrito de Meatpacking e é decorado em estilo Bali. Serve muitos pratos exóticos, em porções bem pequenas, como a lagosta com alho e chili (US$ 35). Melhor do que comer, porém, é entrar no clima de badalação e gente bonita. Dependendo da temporada, o ideal é fazer reserva. *403 W 13th St. at Hudson St. – 212 675-2322 – www.jean-georges.com*

COMIDA JUDAICA ✡

Eu me orgulho de ser judeu por vários motivos, mas quando vou a Nova York e como pastrami em uma deli, me orgulho mais ainda. Nova York cheira a judaísmo: as piadas, as gírias no dialeto iídiche. E vários pratos da cultura judaica caíram no gosto popular: pastrami, salada de repolho, gefilte fish, patê de fígado de galinha, kreplach com cebola caramelada. A seguir você confere algumas sugestões para encontrar essas delícias.

2nd Ave Deli. Um verdadeiro local iídiche, com pastrami, picles, repolho, sanduíche de língua, sopa de cogumelo, panqueca de batata e tudo que a culinária judaica pode oferecer seguindo a tradição. A altura do sanduíche de pastrami é absurda, muito maior do que qualquer sanduíche provado em outros restaurantes. O picles (azedo ou amargo) também é fantástico, e você ainda pode pedir de entrada uma sopa matzah ou os gribenes Ashkenazi, que são tiras de pele de frango fritas (US$ 6). Reserve para o prato principal o hungarian beef goulash (US$ 22,50), o hot brisket (sanduíche favorito de Woody Allen, US$ 12,50) ou o hot pastrami (meu favorito, US$ 14,25). A casa fica aberta até as 4h às sextas e sábados, e até as 2h nos demais dias da semana. A fila geralmente é grande, mas vale cada minuto de espera. *162 E. 33rd St. nr. 3rd Ave. – 212-677-0606 – www.2ndavedeli.com*

Carnegie Deli. Fundada em 1937, tornou-se uma parada obrigatória para turistas do mundo inteiro. A comida é extraordinária, e as filas, quando há, são rápidas. A melhor pedida são os sanduíches de pastrami (US$ 14), que pesam quase um quilo e servem tranquilamente duas pessoas. A deli também oferece sopa matzah e muito picles. Na sobremesa, o básico é pedir cheesecake. Toda a comida da casa é kosher. *Aberta das 6h30 às 2h. 854 7th Ave., at 55th St. – www.carnegiedeli.com*

Ess-a-Bagel. A fila é grande, embora você nem sinta o tempo passar. Há uma boa variedade de recheios, de queijo a truta. Peça também os bagels doces, como o de creme de morango ou o de maçã e canela. Se quiser salada, opte pela de pescada ou pela de salmão defumado. Os talheres de plástico mostram a simplicidade do lugar, que, apesar disso, é muito agradável. *Aberto das 6h às 21h de segunda a sexta, e das 6h às 17h nos finais de semana. 359 1st Ave. – 831 3rd Ave. – www.ess-a-bagel.com*

H&H Bagels. Oferece 15 sabores diferentes de bagels, com destaque para o recheio de arenque. A fábrica fica aberta 24 horas. *2239 Broadway – 1551 2nd Ave. – 639 W. 46th St., em frente ao Intrepid Museum, no Hell's Kitchen – www.hhmidtownbagelseast.com*

Katz's. A mais antiga delicatessen da cidade, fundada em 1888, oferece um pastrami inigualável, além de salsichas, sanduíches, picles, sopas, cachorro-quente, bagel e um café da manhã que é servido até as 11h30. A deli, que aparece no filme *Harry e Sally* (1989), fica lotada o dia todo, apesar de ser enorme. Peça o sanduíche de pastrami e saboreie a limonada que o acompanha. Imperdível. *205 E. Houston St. at Ludlow St. – 212-254-2246 – www.katzdeli.com*

Le Marais. Para os judeus que só comem comida kosher, essa steak house é perfeita. A casa oferece pratos como salmão e arenque defumado e pastrami para a grande clientela de judeus nova-iorquinos e turistas. As especialidades são o steak tartare com fritas (US$ 17) e o salmão fumé garni (US$ 12,50). O preço é um pouco acima da média, mas o ambiente que imita um bistrô, cheio de pôsteres, e as carnes suculentas valem a pena. *150 W. 46th St. nr. 6th Ave. – 212-869-0900 – www.lemarais.net*

*****Curiosidade.*** *O bagel faz parte da cultura judaica, mas está fortemente enraizado em Nova York. Feito de massa de farinha de trigo, é escaldado em água fervente antes de ser cozido, o que o torna bem macio por dentro e crocante por fora. Embora você encontre bagel por toda a cidade, até no McDonald's e na Starbucks, poucos lugares o fazem bem, pois as grandes redes fazem o processo de forma mecânica, o que resulta em um sabor muito distante da receita original.*

SHOPPING

Dica
O imposto de Nova York é de 8,875%. Em outras cidades, ele é mais baixo, mas na Big Apple você não é cobrado se comprar roupas e calçados até o limite de US$ 1,1 mil por unidade – informações que podem ser conferidas no site governamental www.nyc.gov.

LOJAS DE DEPARTAMENTO

Barneys New York. Badalada e sofisticada loja de departamento nova-iorquina, é frequentada pela personagem Carrie Bradshaw, do seriado *Sex and the City* (interpretada por Sarah Jessica Parker), o que prova que seu público, além de endinheirado, é exigente. Afinal, a seleção de roupas é de primeira, pois conta com grifes como Louboutin, Armani, Prada, Zegna, Manolo Blahnik, Fendi, Givenchy, Marc Jacobs, Jil Sander, Dries van Noten e Diane von Furstenberg.

Comprar jeans nessa loja é uma ótima ideia, porque além das boas marcas, a ajuda dos vendedores é incrível. No térreo, você encontra grande variedade de camisas, gravatas, relógios, sapatos e perfumes. O quarto andar é bem mais caro, e os vendedores só o atendem se você pedir – o bom é que esse piso está sempre vazio e você se delicia com Balenciaga, sapatos da Dior e da Lanvin. No nono andar, fica o restaurante Fred's, frequentado por quem faz compras na loja – serve saladas, pizzas e uma famosa canja de galinha, nada excepcional.

A Barneys faz liquidações em fevereiro e agosto e, fora dessas épocas, as promoções não valem a pena.
660 Madison Ave.

Barneys Co-Op. Depois de uma crise nos anos 1990, a irmã menor da Barneys foi vendida e se recuperou, tornando-se referência entre as muitas lojas de luxo. São diversas grifes espalhadas pelas araras e poucos clientes – uma maravilha para quem quer acompanhar as tendências. No aniversário de 25 anos da marca, em 2010, Marc Jacobs lançou uma linha exclusiva para a rede. As liquidações de fevereiro e agosto são realmente concorridas e mais honestas do que as promoções do resto do ano.
2151 Broadway – 116 Wooster St. – 236 W 18th St.

Bergdorf Goodman. É, sem dúvida, a mais elegante e sofisticada de todas as concorrentes, além de ser a mais amada por quem tem dinheiro para adquirir o que há de melhor. Um ícone da riqueza, a loja está presente no cinema e na literatura, como no filme *Arthur, o milionário sedutor* (1981) e no romance adolescente *Bergdorf Blondes,* de Plum Sykes.
O local que hoje abriga a marca era a antiga casa de Cornelius Vanderbilt, o maior construtor de ferrovias da história – na cobertura em que morava a família fica o John Barrett Salon, um salão de beleza.
Ao ir às compras, aproveite o Goodman's Cafe, um lugar frequentado por pessoas de alto poder aquisitivo que param para tomar um chá entre uma compra e outra.
Dentro da Bergdorf Goodman, você pode consultar o

personal shopper, um serviço que ajuda a encontrar as melhores dicas e escolher as peças que só quem conhece bem a loja poderia localizar. São oito andares de luxo, com as melhores marcas do mundo. Confira.

Primeiro andar: uma loja de chá, perfumaria e joias.
Segundo andar: sapatos.
Terceiro andar: moda feminina (grifes como Chanel, Giorgio Armani e Gucci).
Quarto andar: mais roupas, acessórios e sapatos das melhores marcas a preços razoáveis (como Jimmy Choo por US$ 300, Christian Louboutin por US$ 1000 – na liquidação, por US$ 400). Tudo com uma variedade incrível: acredito que é possível encontrar aqui mais sapatos do que na própria loja do estilista, e, sem dúvida, o tratamento é inigualável.
Quinto andar: lingerie. Você encontra desde marcas como La Perla (preço médio de US$ 200) até calcinhas de náilon por US$ 18. Em épocas de liquidação, o preço despenca.
Sexto andar: moda infantil e um restaurante. As roupas infantis são deslumbrantes, e os preços, diversos – o que nos permite fazer compras sem medo. Há vestidos lindos da Dior por US$ 700 e camisas por US$ 28.
Bar 5F: um café bem moderninho, localizado no quinto andar, que serve café, chá, sucos, taças de vinho e saladas.
BG Restaurant: um restaurante delicioso, no sétimo andar, com vista para o Central Park. Mesmo que não vá comprar nada na loja, vale a pena tomar um chá ou almoçar no BG. Como esse é um programa desejado por muitos, sugiro fazer reserva *(on-line ou pelo telefone 212-872-8977)*. Lá é possível comer um bom filé por US$ 30.

SHOPPING

Goodman's: um ambiente adorável, no andar da seção de beleza. Você pode tomar uma boa sopa por menos de US$ 10 ou comer um sanduíche por US$ 15. Menos sofisticado do que o BG, mas não tão popular. *Horário de atendimento: de segunda a sábado das 11h às 17h, e domingo das 12h às 17h.*

De segunda a sexta-feira das 10h às 20h, sábado das 10h às 19h e domingo das 12h às 18h. 754 Fifth Ave. nr. 57th St. 212-753-7300. www.bergdorfgoodman.com. Loja da Mulher, Nível Beleza: 212-872-8708. John Barrett Salon, 9th Floor: 212-872-2700 – www.johnbarrett.com

Bergdorf Goodman Man. O prédio, adquirido na década de 1990, atende aos produtos masculinos da Bergdorf Goodman e está localizado em frente à loja principal. Com luxo e sofisticação, vende coleções que, embora sejam dos melhores estilistas, não fogem aos preços de liquidação – dá para encontrar ótimas ofertas em determinadas épocas do ano. Não se esqueça de que, ao entrar, você pode pedir o catálogo gratuito.

Sapatos Ferragamo são vendidos, em média, por US$ 400, mas você pode ter a sorte de encontrá-los em liquidação por US$ 275. Prada e Gucci oscilam nessa faixa também. É o lugar ideal para comprar as grifes, pois você não precisa entrar em cada uma das lojas dessas marcas espalhadas pela cidade. Além disso, os preços não são diferentes e você ainda pode encontrar coisas mais baratas na Bergdorf e ser mais bem atendido.

Já a seção de relógios é uma perda de tempo: além de pouca variedade, os acessórios são caros – um relógio

SHOPPING

Gucci, por exemplo, custa US$ 1300 (é possível encontrá-lo a preços melhores em outros lugares).

Primeiro andar: camisas, acessórios, joias e perfumes (marcas como a excelente Creed).

Segundo andar: roupas, incluindo peças sob encomenda e o personal shopper.

Terceiro andar: roupas mais seletas para um público mais exigente.

Bergdorf Goodman Bar III: no terceiro andar, come-se mais pelo lugar do que pela comida – mas vale a pena, pelo menos uma vez na vida, entrar em uma das lojas mais caras da cidade, sentar e comer um sanduíche por US$ 15. Você sente o clima e, como se estivesse fazendo suas comprinhas, é muito bem tratado.

De segunda a sábado das 11h às 18h, e domingo das 12h às 17h. Fifth Ave., esq. 58th St.

Bloomingdales's. Conhecida como Bloomies ("Like no other store in the world"), foi fundada em 1872 e está no endereço atual desde 1929, quando começou a crescer e a se destacar por coleções inovadoras e criativas, incentivando inúmeros estilistas, que, graças às suas araras, viraram ícones da moda, como Ralph Lauren – que, com menos de 20 anos de idade, já tinha modelos sendo vendidos – e Calvin Klein. Tem oito andares de produtos dos melhores estilistas, inclusive algumas coleções exclusivas. Além de restaurantes, banheiros e até lojas próprias de marcas como Louis Vuitton, a Bloomies conta com um Visitor Center, onde profissionais atendem em português e providenciam a entrega de suas compras no hotel.

SHOPPING

Em determinadas épocas, quem gasta mais de US$ 100 pode apresentar a nota fiscal no Visitor Center e ganhar um brinde, que pode ser um guarda-chuva ou uma sacola com o nome da loja – um pequeno mimo para os clientes estrangeiros.

Ao entrar na loja, o xadrez preto e branco no chão encanta pelo luxo. Já no primeiro andar, está o setor de perfumaria, não tão grande e variado como o da Macy's, mas com perfumes que não existem nessa última, além de promoções que oferecem brindes aos clientes – principalmente de produtos que vendem pouco, como a fragrância Escada, ou os grandes lançamentos que ainda não decolaram no mercado. Ao comprar o perfume Polo Ralph Lauren, o cliente sempre leva toalhas ou bolsas como brinde, já que a marca é a campeã de vendas.

No segundo andar, há uma variedade incrível de jeans femininos de ótimas marcas, como Ralph Lauren, e às vezes você encontra liquidações que chegam a baratear quase 40% em relação ao preço original – o segredo é garimpar. A parte feminina também tem lingerie, bolsas e sapatos de diversas grifes e preços variados.

Na parte masculina, são vendidos jeans da Canali ou da Hugo Boss por US$ 770, e sapatos de marcas como Salvatore Ferragamo por US$ 450 – mas você também pode achar jeans por US$ 100 e sapatos mais baratos.

Confira o que vai encontrar em cada andar da loja:

Subsolo ou andar do metrô: últimas tendências de moda masculina (marcas como Diesel e John Varvatos).

Andar intermediário: moda esporte e casual (marcas como Lacoste, North Face, Ralph Lauren e Nautica).

Andar inferior: moda esporte mais cara, moda íntima, camisas (marcas como Z Zegna, Burberry, Valentino, Armani e Ralph Lauren).
Arcade: bolsas (marcas como Chanel, Prada e Jimmy Choo).
Primeiro andar: acessórios para moda feminina, perfumes e trajes masculinos.
Balcony: joias, relógios e meias-calças.
Segundo andar: calçados femininos, bolsas e moda esporte feminina (marcas como Paige Premium e Marc Jacobs).
Terceiro andar: moda esporte feminina.
Quarto andar: roupas íntimas, calçados e casacos de grandes grifes femininas (marcas como Chanel, Armani, D&G e Marc Jacobs).
Quinto andar: casacos femininos, vestidos, móveis, colchões e tapetes.
Sexto andar: louças, malas e produtos para casa.
Sétimo andar: produtos de cama e banho.
Oitavo e nono andares: roupas infantis e para bebês.
Os banheiros masculinos ficam no andar inferior e no sétimo andar. Os femininos, no segundo, terceiro, quarto, sétimo e oitavo andares.

De janeiro a outubro: de segunda a sexta-feira das 10h às 20h, sábado e domingo das 11h às 19h. Novembro e dezembro: todos os dias das 9h às 22h. www.bloomingdales.com – 1000 Third Ave., at 59th St.

Bloomingdales's (Soho). Muito menor do que sua irmã, mas bem mais aconchegante – também é um luxo, com o mesmo chão xadrez. Possui uma boa seção de perfumes e maquiagem e excelentes jeans. Realiza liquidações em fim de temporada e durante as férias, e a cada mês há promoções em diferentes departamentos. Ou seja, se estiver em Nova York, sempre vale a pena dar uma espiada na loja.

De segunda a sexta-feira, das 10h às 21h; sábado das 10h às 20h e domingo das 11h às 19h. 504 Broadway, nr. Broome St.

Henri Bendel. Fundada em 1896 pelo homem que dá nome à marca, é direcionada ao público feminino e representa o luxo desde sua fundação. Àquela época, os clientes eram as famílias mais ricas da América, como Vanderbilts e Astor, que entravam pelas suntuosas portas douradas (existentes até hoje) e apreciavam as vitrines de Lalique – vale a pena visitar a loja só para vê-las. Quando há uma festa, o jet set nova-iorquino procura a Henri Bendel para comprar Diane von Furstenberg e Catherine Malandrino.

Primeiro andar: acessórios e maquiagem.
Mezanino: só produtos Chanel, entre maquiagem e óculos.
Segundo andar: acessórios, bijuterias e algumas joias, além de perfumes L'Artisan.
Terceiro andar: lingerie (marcas como Princesse Tam Tam, Cosabella, Christian Dior e Hanky Panky). Mais acima, o famoso, melhor e único salão Frédéric Fekkai, o mais badalado do mundo e com uma linha própria de cosméticos.

A marca registrada da loja é a sacola de compras, com listras marrons e brancas.

De segunda a sábado das 10h às 20h, e domingo das 12h às 19h. 712 Fifth Ave. – www.henribendel.com

SHOPPING

Jeffrey New York. O fundador, Jeffrey Kalinsky, era comprador de sapatos da Barneys antes de abrir sua própria loja. Os sapatos vendidos na Jeffrey são Gucci, Blahnik, Balenciaga, Chanel, Marc Jacobs, Christian Louboutin e YSL, a um preço maior do que a média de outras lojas de departamento luxuosas. É difícil encontrar um vendedor com mais de 45 anos de idade, na casa que é pioneira no badalado Meatpacking District.
De segunda a quarta e sexta das 8h às 22h, quinta das 10h às 21h, sábado das 10h às 19h, domingo das 13h30 às 18h. 449 W. 14th St., nr. Tenth Ave. – www.jeffreynewyork.com

Lord & Taylor. Foi criada em 1826 para vender meias femininas e se mudou para o endereço da Quinta Avenida em 1914. Hoje, a casa tem peças para homens e mulheres, de marcas como Calvin Klein, Guess, Anne Klein, DKNY e Ralph Lauren. Geralmente os preços são bons, embora a variedade não seja grande. Por não estar no roteiro predileto de compras, o lugar sobrevive mais pela tradição do que pela excelência. O que realmente vale a pena comprar são os suéteres de cashmere da marca da loja (dependendo da época do ano, por algo entre US$ 100 e US$ 200).
Bolsas: não há nenhuma marca excepcional. O que se encontra é uma boa variedade da grife Coach (entre US$ 200 e US$ 600, dependendo do modelo – de lona ou couro).
Moda infantil: peças Ralph Lauren, Nautica, Puma e outras marcas não muito luxuosas e que são facilmente encontradas em qualquer grande rede.
Perfumaria: sempre vazia, como o resto da loja, conta

SHOPPING

com as marcas mais conhecidas, como Gucci, Ralph Lauren e Aramis. Raramente há promoções como nas concorrentes.

Sarabeth's: no quinto e no sexto andar, há um café e um restaurante que vendem sanduíches muito bem-feitos – em especial, um sanduíche com massa de bolo e carangucjo (US$ 18) –, sopas e até um café da manhã a um preço médio de US$ 25 por pessoa. *Aberto diariamente das 11h às 16h30. De segunda a sexta-feira das 10h às 20h, sábado das 10h às 19h30 e domingo das 11h às 19h. 424 Fifth Ave. at 39th St. – www.lordandtaylor.com*

Macy's. Para você ter uma ideia do que é a Macy's, basta saber que ela está no mesmo local desde 1902, com nove andares totalmente voltados para o consumo na sede nova-iorquina, quase mil lojas espalhadas pelo mundo e um acesso de 900 mil visitas por dia em sua página na internet. Considerada a maior loja de departamentos do mundo, faz parte do mesmo grupo da concorrente Bloomingdale's e oferece um voucher de 11% para os visitantes brasileiros que frequentam a loja (válido por 30 dias), o que não exclui o imposto cobrado em qualquer compra feita em Nova York.

Lá você vai encontrar vestuário feminino de diversas marcas, entre as desconhecidas e as boas grifes, como Calvin Klein, Lauren by Ralph Lauren, Tommy Hilfiger, DKNY. Pode-se comprar lingerie da Calvin Klein por US$ 30 – ou até por US$ 13 em promoção, com direito ainda ao desconto do voucher. As mulheres também dispõem de várias marcas de jeans, como Levi's, Calvin

Klein e Buffalo, que durante as liquidações chegam a custar entre US$ 29 e US$ 45.

Na seção de cosméticos, há uma infinidade de produtos Chanel e Calvin Klein e a garantia de lançamentos exclusivos. Existem diversos estandes com brindes, como toalhas, bolsas, cremes, simplesmente para o consumidor adquirir um perfume – essas promoções geralmente são exclusivas da Macy's, nenhum outro lugar as oferece, muito menos lojas especializadas como a Sephora.

Para o público masculino, a loja encanta logo no primeiro andar, tornando desnecessária a visita aos outros. Você encontra várias marcas de camisa social, de algodão, colarinho inglês e colarinho italiano, que custam, em média, US$ 30. Os ternos são vendidos a preços muito bons, que oscilam entre US$ 200 e US$ 600, mas não vale muito a pena comprá-los para usar no Brasil, pois a lã geralmente não é fria (o que significa um tecido mais fino e, ao mesmo tempo, encorpado), e eles são muito quentes. Há inúmeras opções de gravatas, com marcas próprias da Macy's, como Alfani, Club Room e Donald Trump – símbolos da cafonice, embora sejam de boa qualidade. Os relógios ficam em estandes da Fossil e da Adidas, entre outros, mas você não encontra Swatch, que possui lojas próprias e não admite que seus produtos sejam vendidos ao lado de outras marcas. Se você busca óculos, há um estande da Sunglass Hut, mas sem grande variedade.

A loja também oferece uma infinidade de lençóis de algodão e diversos modelos de roupa infantil, de grifes que vão de Ralph Lauren a marcas completamente desconhecidas. No subsolo, fica uma pequena filial da

SHOPPING

famosa e muito confiável loja de eletrônicos J&R, com preços honestos. Para comer, há uma Starbucks e uma pequena Godiva, entre outras opções.

Uma semana antes da páscoa, a Macy's faz uma grande parada, o Macy's Flower Show, durante a qual oferece uma megapromoção, além de cobrir a loja de flores com direito a um guia que explica sobre cada espécie. Se você estiver acompanhado de seus filhos, eles também vão curtir o evento.

Primeiro andar: totalmente preparado para ser o "pega turista", com roupa masculina, acessórios femininos e masculinos e perfumaria.

Segundo andar: vestuário feminino e masculino.

Terceiro andar: roupas femininas (marcas como Ralph Lauren e Calvin Klein), sapatos masculinos, roupas para noivas e mães e, de quebra, uma Starbucks.

Quarto andar: cosméticos (marcas como MAC e Clinique), roupas infantis (marcas como Guess) e alimentação (como a Jimmy's Pizza e a sorveteria Ben & Jerry's Ice Cream).

Quinto andar: sapatos femininos e roupas infantis.

Sexto andar: Ralph Lauren, Calvin Klein e muita lingerie.

Sétimo andar: roupas infantis e McDonald's.

Oitavo andar: quadros, muita bugiganga e a padaria Au Bon Pain.

Nono andar: joias e malas.

Para pegar seu voucher, suba pelas escadas ao que chamam de "primeiro andar e meio" (que é uma espécie de sobreloja onde fica a lojinha do Metropolitan Museum), vire à direita e siga em frente. Os banheiros masculinos ficam no primeiro, no sétimo e no nono andar. Os femininos, no primeiro, segundo, sexto e sétimo andar. *Segunda a sábado das 10h às 21h30, e domingo das 11h às 20h. 151 W. 34th St. – www.macys.com*

Saks Fifth Avenue. Fundada em 1924, é sucessora de outra empresa criada por Andrew Saks em 1867. A gigantesca loja de departamentos ocupa um quarteirão inteiro e é dedicada ao luxo, oferecendo marcas como Armani Collezioni, D&G, Diane von Furstenberg, Emilio Pucci, Fendi, Gucci e Jimmy Choo. Suas principais concorrentes são a Bergdorf Goodman e a Barneys New York, mas a Saks está à altura de ambas. Hoje a Saks conta com mais de 50 lojas e um faturamento anual de US$ 50 milhões, além de entregar mercadorias em todo o mundo, inclusive no Brasil. É possível, inclusive, comprar antes da sua chegada a Nova York e receber os produtos no hotel.

Lá você encontra bolsas de diversas marcas, muitas em pré-venda e que ainda não estão no circuito. Há desde marcas como Longchamp (US$ 125) até Fendi (US$ 1,1 mil). É lógico que não poderia faltar a Louis Vuitton Saks New York Fifth Avenue, uma loja dentro da loja.

Os sapatos da Jimmy Choo geralmente são da última coleção e custam em torno de US$ 1110, chegando a US$ 500 durante as liquidações. Um andar inteiro da Saks é dedicado aos calçados. São quase 3 mil metros quadrados de área com milhares de sapatos (o poder é tal que a loja conseguiu com a prefeitura um CEP exclusivo para esse departamento: 10022SHOE).

Quem quiser comprar um vestido maravilhoso pode marcar uma hora *(pelo telefone 212 940-2269)* e assistir a um desfile de vestidos dos mais diversos modelos,

SHOPPING

desenhados por Oscar de la Renta, Selia Yang, Junko Yoshioka, Vera Wang, Elizabeth Fillmore, entre outros. O problema são os preços, bastante altos até para Nova York. Um vestido Carolina Herrera, por exemplo, pode sair por mais de US$ 2 mil e, no final da temporada, sobram poucas peças para as liquidações (que acontecem na primavera e no outono).

No oitavo andar, você pode almoçar no Café SFA – que oferece um suculento hambúrguer com fritas, pão feito artesanalmente e uma fresquíssima alface (US$ 21) e uma taça de Sauvignon Blanc (US$ 9). Mas o melhor é o bolo de chocolate. A conta passa dos US$ 100, com as taxas incluídas, mas vale cada centavo, ainda mais pela vista do Rockefeller Center ou da St. Patrick's Cathedral.
De segunda a sexta das 10h às 20h, sábado das 10h às 19h, e domingo das 12h às 19h. 611 Fifth Ave., at 50th St. – www.saksfifthavenue.com

Urban Outfitters. Uma rede pré-adolescente muito interessante que oferece roupas bem transadas. Além disso, também vende diversas grifes e muito estilo vintage, em lingerie, bolsas e sapatos. Em todas as lojas da rede, que não são pequenas, existem pequenos brinquedos e bugigangas retrô, como polaroides e jogos dos anos 1970 e 1980. Ao entrar na loja, não se esqueça de pegar o catálogo, que vem com as novidades e as promoções.
2081 Broadway, at 72nd St. – 999 Third Ave., nr. 59th St. – 526 Sixth Ave., at 14th St. – 374 Sixth Ave., at Waverly Pl. – 628 Broadway, nr. Bleecker St. – 162 Second Ave., nr. 10th St. – www.urbanoutfitters.com

SHOPPING

Dica

Se for viajar perto do feriado de Ação de Graças, vá uma semana antes, pois as lojas de roupa já começam as liquidações com enormes descontos (30% ou mais). As filas não são tão grandes quanto nas promoções de eletrônicos, e o estoque não acaba – os lojistas da cidade estão sempre preparados para grandes vendas.

Épocas de liquidação: Thanksgiving, Pre-Christmas, Post-Christmas, January White Sales, Valentine's Day, President's Day, Memorial Day, Fourth of July, Midsummer, Back to School Clearance, Columbus Day, Election Day.

SHOPPING

LOJAS POPULARES

São grandes redes que vendem marcas próprias e de outros designers a preços bastante convidativos. Com promoções na maior parte do ano, não têm glamour algum, mas oferecem grifes de antigas coleções a preço popular.

Burlington. Como se fosse uma pequena Century 21, é minha loja preferida. Vende roupas para adultos e crianças, malas e muita bugiganga – tudo baratinho. Para os homens, é uma verdadeira festa, com ternos (média de US$ 250) e camisas (US$ 30) de marcas como Michael Kors e Calvin Klein. Já as mulheres têm que garimpar um pouco mais, mas dá para encontrar boas grifes também. É a loja ideal para quem não tem frescura.
707 Avenue of the Americas – 4 Union Square – 517 e 117th St.

Century 21. Enorme loja de descontos, em frente ao antigo World Trade Center, atrai sacoleiros que compram roupas em Nova York para revender no Brasil. Oferece marcas como D&G, Hugo Boss, Versace, Narciso Rodriguez, Marc Jacobs e Missoni a preços muito abaixo do mercado.

As roupas são mesmo de marcas famosas, o que muda é a coleção. Todas as peças vendidas na loja são de coleções passadas e geralmente a numeração de ternos e vestidos não é convencional (são muito grandes ou muito pequenos). Lá você também encontra acessórios, cosméticos, bolsas, lingerie, sapatos, eletrônicos e muita

coisa para casa. As filas para os provadores são enormes, e a loja fica muito cheia em quase todos os horários.
22 Cortlandt Street – 1972 Broadway – 472 86th St., Brooklyn, nr. Fifth Ave.

J.C. Penney. O fundador dessa loja começou a vida como açougueiro e logo quebrou. No entanto, não perdeu tempo, abriu um pequeno comércio e prosperou. Em menos de 20 anos, ele já tinha um império com mais de 150 lojas e seu nome em cada uma delas. Talento e criatividade fazem parte da rede, que tem os melhores preços de roupas para crianças, mulheres e homens, roupa de cama, materiais para cozinha e acessórios.
Para facilitar as compras, há um aplicativo para iPod e iPad (a ser baixado gratuitamente pela Apple Store).

SHOPPING

É sempre bom dar uma conferida nos preços antes de viajar – são poucas as peças com desconto no aplicativo, mas às vezes você encontra coisas muito interessantes. Ao entrar na loja, certifique-se de que não há promoção, pois os preços podem baixar em média 15%.
De segunda a sábado das 9h às 21h30 e domingo das 10h às 20h30. Manhattan Mall (901 Sixth Ave, at 33rd St.) – www.jcpenney.com

Loehmann's. Fundada em 1930 por Charles C. Loehmann e sua mãe, Frida, depois que seu pai, um flautista, teve os lábios paralisados e não pôde mais sustentar a família. A Sra. Loehmann comprava, em dinheiro vivo, as sobras de casacos das coleções antigas e as guardava para a próxima estação, quando poderiam ser usadas novamente, e assim obtinha um grande lucro. Ela fez isso até falecer, em 1962, época em que sua loja já faturava US$ 3 milhões por ano. (Essa história, como outras, está no espetacular livro de Erma Bombeck, *All I Know About Animal Behavior I Learned at Loehmann's.*)
A enorme loja é cheia de grifes, como Ralph Lauren, Calvin Klein, Kate Spade, Kenneth Cole, entre outras. Vende roupas com desconto para o público feminino e possui também vestuário infantil, embora não seja seu forte, com descontos entre 30% e 60%. Mas é preciso saber garimpar, pois os preços, às vezes, são altos.
Se você for gastar muito, é melhor tornar-se membro gold e, por US$ 25 ao ano, ganhar 10% de desconto a cada compra – um ótimo negócio, pois são toneladas de ofertas disponíveis nas lojas, mas só aproveitadas por quem tem tempo e paciência para pesquisar. É possível,

por exemplo, encontrar sapatos de boas marcas como Diane von Furstenberg.
2101 Broadway, nr. 73rd St. – 101 Seventh Ave. nr. 16th St. – www.loehmanns.com

Target (Harlem). A enorme rede começou em 1902, chamada Dayton Hudson Corporation. Passado mais de um século, a empresa tem quase 1.500 lojas espalhadas por 47 estados, sob os rótulos Target Stores, Mervyn's e Marshall Field's. É a segunda varejista dos Estados Unidos, atrás apenas do Walmart.

A filantropia é o forte da marca, que lançou um programa espetacular e inédito, a partir do qual os usuários de cartão de crédito poderiam escolher uma escola para a qual doar 1% do valor de seus gastos. O resultado foi 300 mil escolas inscritas em dois anos e US$ 800 mil doados a elas.

Na loja do Harlem, inaugurada em julho de 2010, há roupas para mulheres, homens, crianças e bebês, calçados, equipamentos eletrônicos, relógios e todo tipo de bobagem encontrada em qualquer outro supermercado americano. Há uma variedade incrível de roupas baratas para crianças, como jeans por US$ 10 e pijamas de personagens por US$ 8. Nos eletrônicos, iPods, máquinas fotográficas Canon, Wii – tudo com ótimos preços. De quebra, você pode tomar um café ou comer alguma coisinha nas unidades da Starbucks, Pizza Hut e Fresh Grocery, no interior da loja.

Imprima os cupons de descontos no site da Target. Há descontos desde US$ 0,50 até US$ 5, que valem pela brincadeira e pela economia.

Não pense que o local é perigoso, pois não é. A história de perigo é contada em filmes americanos dos anos 1970. Se o Harlem fosse uma área perigosa, a gigantesca rede americana não se instalaria ali.
De segunda a sábado das 8h às 23h, e domingo das 8h às 22h. 517 E 117th Street – (212) 835-0860 – www.target.com

T.J. Maxx. O segredo é pesquisar nas lojas a que poucos turistas dão valor. Na T.J. Maxx, além de roupas e brinquedos, você encontra óculos Armani por menos de US$ 30 (o preço original é US$ 110). Camisas da DKNY que custam US$ 80 na Macy's aqui saem por US$ 38. O trabalho é garimpar, mas a economia é grande.
O melhor dia da semana para comprar é terça-feira, quando as peças são repostas.
De segunda a sábado das 9h às 21h30, e domingo das 11h às 20h. 620 Avenue of the Americas (between 18th St. & 19th St.) – 808 Columbus Ave., nr. 98th St. – www.tjmaxx.com

VESTUÁRIO

Para todos os bolsos e estilos.

Abercrombie & Fitch. Com quase mil lojas espalhadas pelos Estados Unidos e apenas duas em toda Manhattan, essa rede de lojas, fundada em 1892, tornou-se a querida da América e de todos os brasileiros de 15 a 30 anos de idade que vão para Nova York. Seus fundadores, David T. Abercrombie e H. Ezra Fitch, eram um caçador e um advogado, respectivamente. Depois de muita briga, apenas um dos sócios permaneceu – Fitch. Em 1909, ele criou a distribuição de 50 mil catálogos de suas roupas, que eram, na época, todas voltadas para o esporte – e essa empreitada quase o levou à falência.

Fitch era fornecedor de vestuário e de materiais esportivos para a elite. A empresa equipou Theodore Roosevelt, que adorava caçar no continente africano, e também todo o pessoal do famoso explorador Roald Amundsen, que se aventurou em uma expedição polar. Como se não bastasse, vestiu os sensacionais aviadores Charles Lindbergh e Amelia Earhart. Isso fez com que a Abercrombie & Fitch ficasse cada vez mais famosa e fosse procurada por todos. No final da década de 1970, a empresa faliu e só voltou a abrir em 1984, com outros donos. Nessa ocasião, a loja abriu apenas em Manhattan, em um local até então desvalorizado, o South Street Seaport, e impulsionou a área, que hoje é um sucesso.

As lojas são barulhentas e escuras, e as propagandas têm sempre dois homens juntos. A marca tem uma grande

clientela gay, o que não impede que seu público seja feminino, masculino e infantil, e o símbolo é um alce, que nos Estados Unidos é considerado masculino.
199 Water St., nr. Fulton St. – 720 Fifth Ave. at 56th St. – www.abercrombie.com

Aéropostale. Muita roupa adolescente, barata e para um público pouco exigente, de 14 a 18 anos, incluindo camisas e jeans para ambos os sexos. As camisas custam em média US$ 20, mas é fácil encontrá-las em promoção por US$ 12. Há modelos polo em listras ou em cores variadas. O jeans é vendido por US$ 20 também. A loja é ideal para comprar camisas para presente – levando em conta a variedade de cores e os preços ridiculamente baixos.
901 Sixth Ave. (in Manhattan Mall), at 34th St. 15 W 34th Street – 1515 Broadway (Times Square) – www.aeropostale.com

Alexander McQueen. O estilista, nascido em 1969, suicidou-se em 2010, mas a empresa e seu nome já tinham sido vendidos ao grupo Gucci, que manteve a empresa aberta. A loja continua de pé no badalado Meatpacking District, com roupas ousadas e impecavelmente bem-feitas, com acabamento bem preciso. Alexander criou também peças com estampas de caveira, presentes em várias coleções.
Lá você encontra sapatos, bolsas, vestidos e roupas masculinas. O preço das bolsas oscila entre US$ 1 mil e US$ 2 mil, as leggings com estampas são vendidas por US$ 1 mil e os sapatos, a partir de US$ 800.

SHOPPING

Várias peças e acessórios são encontrados também na Bergdorf Goodman.
417 W. 14th St, nr. Ninth Ave. – www.alexandermcqueen.com

AllSaints. A enorme loja, aberta recentemente na Broadway, é de surpreender. Há centenas de máquinas de costura na parede, compondo uma decoração incrível. Além disso, existem iPads espalhados por todo o espaço para que os clientes façam compras on-line – algo inédito! A loja, que conta com ajudantes risonhos o tempo todo, vende jeans, camisas, sapatos, bolsas para ambos os sexos e, para crianças, malhas com diversas estampas. Os preços são elevados, pois a marca inglesa acaba de chegar a Nova York. Por exemplo, um par de botas custa US$ 250. Podemos dizer que o estilo é bem cool, mas é preciso tomar cuidado com a numeração, que é europeia e não americana. Por isso, experimente antes de comprar.
Fazer compras lá, porém, é secundário. O mais importante é passear pela loja, olhar as máquinas de costura Singer de várias épocas, brincar com os iPads e ver a enorme variedade de peças de roupa.
512 Broadway, nr. Spring St – www.allsaints.com

American Apparel. A American Apparel vende roupas para jovens. Sua publicidade é bastante audaciosa, com mulheres em poses sensuais e, às vezes, polêmicas, como a que levou Woody Allen a processar a loja por uso indevido de sua imagem – ele aparece vestido de rabino em uma propaganda. Apesar disso, as peças são caretas e simples, mas a loja vende muito porque os produtos são baratos – uma média de US$ 50 por peça.

SHOPPING

Se você quer comprar antes de viajar, entre no site e cadastre-se, pois assim é possível receber 15% de desconto via e-mail.

140 West Broadway, nr. Thomas St. 183 E. Houston St., at Orchard St. – 2831 Broadway, nr. 110th St. – 181 Eighth Ave., nr. 19th St. – 1090 Third Ave., at 64th St. – 142 Fifth Ave., nr. 19th St. – 712 Broadway, at Washington Pl – 121 E. 23rd St. nr. Lexington Ave. – 1841 Broadway, at 60th St. 121 Spring St., at Greene St. – www.americanapparel.net

American Eagle Outfitters. Uma gigantesca rede de roupas modernas com preços populares. Há roupas para homens e mulheres de 15 a 30 anos – jeans, camisas, moletons e muita roupa jovem, todas supercoloridas. Ainda possui uma linha infantil, a 77kids, voltada para o público de 7 a 14 anos.

As peças são baratinhas: você encontra calças jeans por US$ 40, camisas xadrez ou até mesmo de estilo social por US$ 29, vestidinhos bem adolescentes por US$ 40 e shortinhos por US$ 9.

A American Eagle tem sofrido diversos processos judiciais por iniciativa da concorrente Abercrombie & Fitch, que alega ter seus produtos copiados. É claro que as roupas da American são baratas e não têm a qualidade da Abercrombie, que é comparável à das peças Ralph Lauren.

1551 Broadway at 46th St. – 19 Union Sq. West, nr. 15th St. – 40 W 34th St. nr. Fifth Ave – 575 Broadway, nr. Prince St. – www.ae.com

SHOPPING

Anna Sui. Anna Sui desenhava para a Macy's e a Bloomingdale's. Muito bem relacionada, tendo amigas como Naomi Campbell e Linda Evangelista, resolveu lançar sua própria marca. Ela descreve seu estilo como *puzzle look* e sempre teve gosto para fazer coleções lúdicas e versáteis.

Suas clientes, como Paris Hilton, Lindsay Lohan e Maria Sharapova, mostram exatamente a maneira Anna Sui de se vestir: vários estilos em um só. Suas peças vão do gótico ao pueril, e seus preços, do barato ao caríssimo. Possui, como muitos estilistas, uma enorme linha de perfumes, que leva o seu nome e aumenta seu faturamento.

113 St. Greene, nr. Prince St. – www.annasui.com

Ann Taylor. Foi criada por Richard Liebeskind em 1954, em Connecticut, para diversificar a oferta para o público feminino. O engraçado é que Ann Taylor foi um nome inventado pelo fundador, diferentemente de outras empresas do ramo, que levam o nome de seus donos. A loja vende roupas, sapatos e bolsas, e sua principal concorrente é a Talbots, que visa atender a mulher clássica.

As roupas são bem cortadas e, apesar de clássicas, são modernas. Nas coleções, encontramos estampas, vermelho, preto e tons pastel. Os preços são razoáveis, pois um vestido para festa custa em torno de US$ 200, com modelos de seda ou poliéster. Possui também blusas lisas e indumentárias, além de vestidos longos de seda para noivas, pela média também de US$ 200. Sua moda é elegante e mantém um público feminino fiel, não deixando nunca de crescer.

Os sapatos também são clássicos. No entanto, nem por

isso a grife deixa de acompanhar as tendências. O preço médio dos calçados é de US$ 120.
1166 Sixth Ave., nr. 46th St. – 2015-17 Broadway, at 69th St 600 Fifth Ave., nr. 48th St – 4 Fulton St., at South St. – 149 Fifth Ave., nr. 21st St. – 330 Madison Ave., nr. 43rd St. – 850 Third Ave., at 52nd St. – 645 Madison Ave., at 60th St. – www.anntaylor.com

Anthropologie. Não é só uma loja de vestuário feminino, mas também de decoração. De gosto sofisticado, atende um público exigente. Pertence ao mesmo dono da Urban Outfitters, com 135 lojas em todos os Estados Unidos.
Essa loja não é barata, mas tem peças de muito bom gosto e de boa qualidade. Sua decoração é rústica, aproveitando inclusive móveis e lustres que estão à venda. Os jeans custam em média US$ 150, os vestidos, US$ 200, e a lingerie não sai por menos de US$ 60. Entre os inúmeros fornecedores de suas peças exclusivas, está a grife brasileira Maria Bonita Extra, que chega a vender mais de 500 mil peças de um só modelo.
85 Fifth Ave. at 16th St. – 375 West Broadway, nr. Broome St. – 75 Ninth Ave. nr. 15th St. – 50 Rockefeller Plz. nr. 50th St. – www.anthropologie.com

A/X Armani Exchange. É a loja baratinha da Armani, feita para atingir todos aqueles que sonham com uma peça Armani e não têm dinheiro para pagar. Com roupas masculinas e femininas que acompanham as tendências, mas são de qualidade duvidosa, as lojas lotam de turistas – prova disso é que estão estrategicamente localizadas em pontos turísticos.

SHOPPING

Suas peças têm bons preços, como jeans por US$ 100, camisas de manga longa por US$ 90, suéter feminino por US$ 80. Apesar disso, há roupas espalhadas por toda parte, muita desorganização e sempre muita gente.
645 Fifth Ave., at 51st St. – Time Warner Center – 568 Broadway, at Prince St. – 129 Fifth Ave., at 20th St. – www.armaniexchange.com

Balenciaga. A loja estava "caída", pois Balenciaga morreu em 1972, o que fez com que a grife tivesse um pequeno declínio devido à grande concorrência, até que contrataram Nicolas Ghesquière, que alavancou as vendas em menos de 10 anos.

A marca foi criada em 1918, em Madri e Barcelona, mas mudou-se para Paris por causa da Guerra Civil Espanhola, fechando as lojas na Espanha em 1937. Seu estilo impressionou os novos consumidores.

Após a guerra, a alta costura voltou. Era o ano de 1951, e Balenciaga criava novas peças, tirava a cintura de seus modelos e ampliava os ombros. Na mesma década, criava o vestido túnica, que evoluiria mais tarde para o vestido chemise.

Suas criações de vestidos atraíam cada vez mais mulheres poderosas, como Pauline de Rothschild (esposa do barão Rothschild, dono do Chateau Mouton Rothschild), Marella Agnelli (esposa do dono da Fiat, Gianni Agnelli), Gloria Guinness (esposa de um dos donos da cervejaria que leva seu nome) e Mona von Bismarck – a mais interessante de todas as clientes, nomeada a mulher mais bem vestida do mundo em 1933. Cole Porter cantou *What do I care if Mrs. Harrison Williams is the best*

SHOPPING

dressed woman in town?, inspirado por ela, que também foi pintada por Salvador Dalí. Acho que só pelo fato de uma mulher interessante como essa gostar das roupas desse genial estilista já compensa o valor de cada peça.

Balenciaga teve vários estilistas como seus empregados, como Oscar de la Renta, Courrèges, Ungaro e Givenchy. A loja hoje pertence ao grupo Gucci, como muitas empresas de alta costura que não resistiram ao assédio dos bilionários grupos de investidores.

As bolsas custam em média US$ 1.500, os sapatos femininos, em torno de US$ 800. Lá você também encontra roupas, linhas de óculos e perfumes.

148 Mercer Street – www.balenciaga.com

Banana Republic. Banana Republic, mais do que uma loja, é uma instituição com quase 600 lojas espalhadas pelo mundo, tamanha a força de sua marca na classe média americana, que é seu público-alvo. Fundada em 1978, começou no estilo safári, mas teve que se modernizar para não perder a clientela, que, pouco a pouco, passou a migrar para suas concorrentes.

Pertencente ao grupo da GAP e da Old Navy, seu proprietário, Mel Ziegler, afirma que "é para o cáqui o que a Levi's foi para o jeans" – o que é verdade, pois não há Banana Republic sem uma infinidade de calças cáqui. Entrar na loja é a garantia de não sair de mãos vazias. Há bijuterias, pijamas, óculos, perfumes, calças, camisas de malha e de seda, casacos finos e de moletom, lingerie e sapatos para o público feminino. Para o público masculino, há calças cáqui, jeans, ternos, camisas sociais e de malha, camisas polo, além de cuecas e acessórios.

SHOPPING

Os preços variam entre US$ 20 e US$ 100. Mesmo não havendo liquidação, sempre existe uma sobra, que é posta nas araras no fundo da loja, tanto para o público feminino quanto para o masculino. Para encontrá-las, basta perguntar a um vendedor.
Há uma loja no Woodbury Common Premium Outlets.
626 Fifth Ave. at 50th St. (Rockefeller Center) – 1976 Broadway, at 67th St. – 130 E 59th St. at Lexington Ave. – 205 Bleecker St. nr. MacDougal St. – 2360 Broadway, at 86th St. – 17 W. 34th St. nr. Fifth Ave. – 550 Broadway, at Prince St. – 111 Eighth Ave. at 12th St. – 1110 Third Ave. at 65th St. – 107 E. 42nd St. nr. Park Ave. – 200 Vesey St. at West Side Hwy. (World Financial Center) – 1529 Third Ave. at 86th St. – 552 Broadway, nr. Prince St. – 114 Fifth Ave. nr. 17th St. – 89 Fifth Ave. nr. 16th St. – www.bananarepublic.com.

Bebe. Essa incrível loja feminina foi fundada por um iraniano chamado Manny Mashouf no ano de 1970, em São Francisco. Hoje, são mais de 300 filiais pelo mundo, em países como Egito, Israel, Cingapura, Indonésia, Malásia, México e Arábia Saudita, além, é claro, dos Estados Unidos. O faturamento é de US$ 600 milhões por ano.
Sua moda é bem atual, com calças que lembram as da loja Gang, do Rio de Janeiro, bem coladas ao corpo e ultrassexy. São calças para as magrinhas e o preço está acima de US$ 100. Os vestidos também são ultracolados, vendidos a uma média de US$ 150. Os sapatos modernos saem por uma média de US$ 120.
805 Third Ave. nr. 50th St. – 100 Fifth Ave. at 15th St. – 488 Broadway – 1 W 34th St. – www.bebe.com

SHOPPING

Brooks Brothers. A mais clássica loja de vestuário masculino também atende de maneira clássica o público feminino e infantil. Fundada em 1818, em Nova York, tem como símbolo um carneiro suspenso por uma fita com a frase "The Golden Fleece". Essa foi a grife que criou o colarinho com dois botões, usado até hoje. Seus clientes ilustres foram Fred Astaire, Maurice Chevalier e Rodolfo Valentino, entre outras personalidades, que incluem até presidentes americanos, já que é uma loja clássica de excelente qualidade – característica que se manteve ao longo dos séculos. Você encontra sapatos masculinos entre US$ 250 e US$ 500, gravatas de seda a US$ 125, ternos a partir de US$ 1 mil, camisas femininas de US$ 89 e calças também por esse preço. Os modelos femininos de calças são tão clássicos que parecem roupas de avó. Os vestidos sem ousadia custam US$ 300 e são de boa qualidade.
346 Madison Ave., at 44th St. – 1 Liberty Plz., nr. Broadway – Woodbury Common Premium Outlets – www.brooksbrothers.com

Burberry. A marca inglesa, criada em 1856, tem como emblema um cavaleiro, que se tornou símbolo de luxo e qualidade, e teve entre seus apreciadores Winston Churchill, Gary Cooper, Joan Crawford, Humphrey Bogart, Al Jolson, Peter Falk e Paul Newman. Seus casacos viajaram o mundo inteiro, pois a marca os reinventou ao longo de mais de cem anos. Antes eram pesados e feitos de borracha, depois passaram a ser de linho com gabardine, mantendo a impermeabilidade.

O capitão Roald Amundsen utilizou um desses casacos m sua expedição para o Polo Sul, em 1910.
As camisas sociais custam mais de US$ 150, um casaco sai a US$ 800 e um vestido de poliéster com algodão é vendido a US$ 1,7 mil. As peças da Burberry também podem ser encontradas em grandes lojas de departamentos, como Bloomingdale's e Bergdorf Goodman, inclusive com a possibilidade de um preço melhor.
As liquidações ocorrem no dia de Ação de Graças, depois do Natal e no Dia do Trabalho. Há também uma loja no Woodbury Common Premium Outlets.
444 Madison Ave. at 49th St. – 9 E. 57th St. nr. Fifth Ave. 131 Spring St. nr. Greene St. – 160 Colombus Ave. at 67th St. – www.burberry.com

Calvin Klein. Calvin Richard Klein nasceu no Bronx, em 1942, começou trabalhando para os outros e, após alguns anos, teve grande êxito ao contratar a atriz Brooke Shields, então com 15 anos, para fazer propaganda de sua calça jeans. Na propaganda ela dizia que nada ficava entre ela e seus Calvins, e foi um verdadeiro frenesi na época, alavancando o faturamento em mais de US$ 100 milhões. Na década de 1990, a contratação de Kate Moss, famosa por escândalos e bebedeiras, gerou mais polêmica.
A marca reinventou a moda íntima, colocando seu nome no elástico da cintura das peças. Criou também diversos perfumes, que se tornaram sucessos mundiais, como CK One, Eternity, Obsession e Euphoria. Em 2003, Calvin Klein se desfez de sua empresa, vendendo-a para Van Heusen por US$ 438 milhões.

SHOPPING

Atualmente, suas concorrentes são Polo Ralph Lauren e Tommy Hilfiger.

É possível encontrar jeans em suas lojas e na Macy's. Nesta, paga-se uma média de US$ 60 por peça, US$ 50 em uma camisa e pouco mais de US$ 20 na lingerie.

654 Madison Ave. at 60th St. – Woodbury Common Premium Outlets – cku.com.

Canali. Vende camisas, ternos, calças e gravatas de alto padrão, todos feitos pela empresa familiar, que já está indo para a quarta geração envolvida com vestuário masculino. Suas roupas são encontradas também na loja de departamento Nordstrom. Há calças jeans por US$ 195, ternos por US$ 1,5 mil e camisas sociais por mais de US$ 200, sendo toda a produção feita na Itália.

25 Broad St., at Exchange Pl – 625 Madison Ave. – www.canali.it

Carolina Herrera. María Carolina Josefina Pacanins y Niño é o nome verdadeiro da estilista dona da marca Carolina Herrera. Nascida em Caracas, sua vida profissional evoluiu rapidamente. Ela vestia, por exemplo, Jacqueline Kennedy Onassis. Lançou também uma coleção de perfumes, da qual vem grande parte de seus lucros.

No interior da loja, há muitos terninhos, vestidos, bolsas e sapatos para toda ocasião. Seus vestidos são de algodão ou náilon com algodão e variam de US$ 500 a US$ 2 mil. Os vestidos de festa são de seda com algodão e não saem por menos de US$ 3 mil. A maioria de seus vestidos,

diferente de outros estilistas, é fabricada nos Estados Unidos, alguns com materiais vindos da Itália.
954 Madison Ave. at 75th St. – www.carolinaherrera.com

CH Carolina Herrera. Nessa loja, Carolina Herrera e sua filha apresentam peças para o público masculino e infantil.
802 Madison Ave. nr. 68th St. – www.carolinaherrera.com

Chanel. Chanel revolucionou o mundo com sua moda, além de fazer fama e fortuna. Na década de 1930, sua empresa, que tinha como sócia a família Wertheimer, chegou a ter quase 5 mil empregados e libertou as mulheres do excesso de tecido, vestindo-as com menos roupa e mais elegância. Criou estilos como o Little Black Dress – famoso "pretinho básico" –, usou com liberdade pérolas, bijuterias, sapatos mais confortáveis com bico arredondado, calças compridas para mulheres. Usou o jérsei antes de outros estilistas, fez com que as mulheres cortassem o cabelo à sua maneira, criando o corte Chanel, e contratou o mais famoso perfumista da época, Ernest Beaux, para criar o inesquecível Chanel nº 5 (eternizado pela atriz Marilyn Monroe, ao afirmar que usava só umas gotas desse perfume para dormir).

Se você for comprar uma bolsa, opte pela melhor e mais famosa, a bolsa 2.55 Chanel, de couro matelassado com alça de corrente trançada com a tira do couro da bolsa. Esse modelo foi lançado em 1955 e até hoje está na moda. Dependendo do tamanho, custa entre US$ 1,8 mil e US$ 2,5 mil. As empresas Bell & Ross, Holland

SHOPPING

& Holland e Eres estão entre as oitenta empresas que pertencem ao grupo Chanel.

Coco Chanel morreu milionária, aos 87 anos, trabalhando sozinha em seu quarto do elegante Hotel Ritz de Paris. Atualmente, a família Wertheimer controla a empresa, tendo como diretor artístico e estilista o *kaiser* da moda Karl Lagerfeld.

15 E. 57th St., nr. Fifth Ave. – 139 Spring St., at Wooster St. – 737 Madison Ave., at 64th St. – www.chanel.com

Chloé. Fundada em 1952, teve várias celebridades como clientes, entre elas Jackie Kennedy, Maria Callas, Brigitte Bardot e Grace Kelly. A marca foi vendida ao grupo Richemont e teve vários estilistas trabalhando em sua direção, inclusive Karl Lagerfeld e Stella McCartney.

Em sua loja, encontramos sapatos, bolsas e vestuário feminino. As bolsas são vendidas a partir de US$ 500.

Entre os acessórios da nova coleção, destacam-se os sapatos anabela, as ankle boots e bolsas feitas à mão na Itália.

As liquidações ocorrem no início de dezembro.

850 Madison Ave. at 70th St. – www.chloe.com

Christian Dior. Christian Dior revolucionou o mundo do luxo quando, em 1946, montou a Dior em Paris e, antes de a década terminar, abriu uma filial em Nova York. Nessa época, já era um nome respeitado na moda, criando um estilo único e suntuoso.

Seguiu o caminho contrário de seus colegas Chanel e Balenciaga, pois, enquanto a moda desses estilistas deixava as mulheres mais soltas, Dior as vestia com muita roupa. Seus vestidos eram mais cheios, fazendo com que as mulheres, às vezes, só conseguissem se vestir com ajuda de outras pessoas. Dior acrescentava o corpete, enquanto outros estilistas tiravam; acolchoava os sutiãs, aumentando o volume quando não havia peitos e, com isso, criava um novo conceito de moda. Pode-se dizer que era contra as tendências.

Em 1947, o New Look de Dior diminuiu o tamanho da cintura em alguns centímetros, fazendo-a mais fina ainda. Em 1950, ele era um dos maiores exportadores de moda de Paris, tendo suas coleções lançadas a cada seis meses e dando vida a sua grife de maneira inovadora, além de trazer de volta o luxo perdido na Segunda Guerra Mundial.

Morreu em 1956, vítima de um ataque cardíaco, mas sua grife continuou a crescer. Em 1990, o grupo LVMH adquiriu empresa. John Galliano conduziu a marca de maneira brilhante, até ser demitido da empresa acusado de antissemitismo.

Sua moda, feita para o público masculino e feminino, tem como clientes nada menos que Mick Jagger e Brad Pitt. Os vestidos, sapatos e bolsas, além de serem encontrados na loja própria, são vendidos na Saks e na Bergdorf Goodman com preços a partir de US$ 1,2 mil para bolsas e sapatos e US$ 1 mil para vestidos. Estes nem sempre são de seda – ora são de lã, ora de viscose com poliamida, mas todos feitos na Itália ou na França.

21 E. 57th St. nr. Madison Ave. – www.dior.com

SHOPPING

Club Monaco. A Club Monaco possui lojas no Canadá, onde foi fundada, em Nova York, em Hong Kong, em Taiwan, em Seul e nos Emirados Árabes Unidos. Nesses lugares, suas roupas podem ser encontradas com bons preços, que desmoronam ainda mais nas liquidações. Foi criada em 1985 e, em 1999, passou a operar como subsidiária da Polo Ralph Lauren Corp, embora poucos saibam, já que esse tipo de informação só está disponível em meios especializados.

Ao entrar na loja, você pode perguntar onde estão os sales, e logo te indicarão uma ou duas araras de desconto para ambos os sexos. Os vendedores são simpáticos, pois ganham comissão sobre a venda e, se você possuir um cartão de estudante de faculdade, pode obter desconto de 15%. Só não tentem levar o cartão do Brasil – apesar de tudo ser possível em Nova York.

SHOPPING

Sua moda varia conforme as estações do ano. As roupas de primavera e verão são mais light e, no outono e no inverno, são mais sisudas, sempre com a maioria das coleções em branco e preto, acompanhando a moda da Europa.

Nas lojas há sapatos, óculos desenvolvidos pela Luxottica e uma variedade de roupas femininas e masculinas de bom gosto. Os preços estão na média de US$ 100 para blazers, camisas, terninhos, malhas e shorts.

160 Fifth Ave. – 121 Prince St. nr. Greene St. – 536 Broadway nr. Spring St. – 390 Bleecker St. – 6 W. 57th St. nr. Fifth Ave. – 2376 Broadway, at 87th St. – www.clubmonaco.com

SHOPPING

Comme des Garçons. Leia-se Rei Kawakubo, uma estilista japonesa que conquistou o Japão, Paris e o mundo com sua estética oriental. Há pouca variedade de roupas para homens e mulheres, e os preços são altos, superiores a US$ 1 mil. Passeando pela loja, você se depara com um ambiente vazio – mas não adianta menosprezar essa estilista, pois, com menos de 20 lojas pelo mundo, ela fatura US$ 150 milhões por ano, e tem clientes como Selma Blair e Justin Bieber.
520 W. 22nd St., nr. Tenth Ave.

Costume National. A loja de roupas atende a ambos os sexos, mas com pouca variedade. Também vende acessórios como óculos, chapéus e bolsas. Em suas coleções, geralmente encontramos peças de gabardine e muito couro – as femininas são bem sensuais e caras. As botas femininas começam em US$ 600, as bolsas de couro, em US$ 1,2 mil. Já os vestidos custam um pouco mais de US$ 1 mil, feitos com uma mistura de lã, náilon e caxemira.

Você encontra peças únicas e muito criativas. Há também casacos de couro com modelos bem arrojados, que não saem por menos de US$ 2 mil. Na parte masculina, o terno custa em torno de US$ 1,2 mil e é feito de lã, mas a numeração não atende aos gordinhos, já que só chega ao tamanho 44 – seus produtos são feitos para os magros e altos. As roupas da Costume National, que só possui uma filial em Nova York, são todas feitas na Itália, o que talvez justifique o alto preço cobrado por suas peças.

As liquidações ocorrem em junho e em novembro.
150 Greene St. – www.costumenational.com

SHOPPING

Custo Barcelona. Conheci essa loja por meio de uma amiga que apareceu vestida com uma camisa customizada totalmente colorida e com a gola feita à mão. Primeiramente, pensei que a camisa poderia ser da Pucci, mas logo percebi que não era e descobri que se tratava de uma marca de Barcelona de grande sucesso e com preços fantásticos (em média US$ 100 nos Estados Unidos, menos do que na Espanha). A marca produz roupas feitas à mão com silkscreen, bordados e várias outras técnicas. O único "porém" é que, para utilizar suas roupas, a pessoa tem que ter muito estilo. Com certeza, nenhuma yuppiezinha – se é que ainda existe alguma – vai querer usar, pois a marca é para descolados.
A Custo lança duas coleções por ano, mas chegam novidades em sua loja a cada duas semanas.
474 Broome St., nr. Greene St. – www.custo-barcelona.com

Diane Von Furstenberg. Diane von Furstenberg, nascida na Bélgica, de origem judaica (sua mãe esteve presa em um campo de concentração nazista), casou-se com o príncipe Egon von Fürstenberg, tornando-se princesa Diane de Fürstenberg. Após o divórcio, ela manteve o sobrenome do ex-marido, que deu também nome a sua marca. Há peças de sua coleção na seleção de roupas do Metropolitan Museum of Art. Sua influência e respeito pela moda sempre foram admirados, motivo pelo qual, por diversas vezes, foi jurada no programa *Project Runway*, em que vários estilistas concorrem para obter prêmios e fama, e no *America's Next Top Model* 2010.
A estilista é a criadora do famoso vestido-envelope e também tem parceria com a joalheria H. Stern, que

vende anéis e brincos com seu nome. No seriado *Gossip Girl*, a personagem Blair usa um vestido de sua coleção, chamado de *thane*.

Suas peças e seus acessórios podem ser encontrados na própria loja ou na Bergdorf Goodman (BG) por uma média de US$ 300, em jérsei de seda, e suas bolsas de couro variam entre US$ 400 e US$ 1 mil.

Se quiser comprar peças dessa estilista, é recomendável passar antes na BG, pois lá se encontram promoções e bons descontos com mais frequência.

874 Washington St. at 14th St. – www.dvf.com

Dunhill. Uma maravilhosa loja de alto luxo, inaugurada em 1921, em Nova York – só após alguns anos foi inaugurada uma filial em Paris. Suas malas e maletas podem ser compradas ou encomendadas por preços que fazem com que a Louis Vuitton não pareça tão cara. Há também acessórios como isqueiros, canetas e relógios.

Os ternos e as camisas são *overpriced*, mas são o que há de melhor no mundo. Não são roupas para os outros, são roupas para nós, homens, que queremos nos sentir o máximo.

Se existisse uma loja de roupas e acessórios no paraíso, ela se chamaria Alfred Dunhill, pois o luxo é completo. Se você entrar no site e solicitar informação sobre suas peças, terá uma resposta sem compromisso em 24 horas, pois a loja, cujo garoto-propaganda é Jude Law, também possui alfaiataria tradicional.

545 Madison Ave., nr. 55th St. – www.dunhill.com

SHOPPING

Eileen Fisher. Com o estilo clássico de vestuário, visando atender a mulher de 30 a 50 anos de idade, essa rede tem como filosofia vender simplicidade, beleza e conforto. Diferencia-se do gosto das mulheres mais jovens: suas saias são um pouco acima dos joelhos, os vestidos têm cortes mais folgados e discretos e custam mais de US$ 200. As camisas custam em torno de US$ 100.

As roupas pouco ousadas são típicas para a mulher bem-sucedida do subúrbio americano, cujo objetivo ao se vestir é ter conforto e ser discreta. Eileen Fisher disse certa vez em uma entrevista que achava um absurdo um homem ter um terno e usá-lo por anos sem sair de moda. Por isso, ela tenta fazer o mesmo por suas clientes.

395 West Broadway, nr. Spring St. – 166 Fifth Ave., nr. 21st St. – 521 Madison Ave., nr. 53rd St. – 1039 Madison Ave. – 341 Columbus Ave., at 76th St. – www.eileenfisher.com.

Ermenegildo Zegna. Uma das mais tradicionais fábricas de ternos da Itália, criada em 1910. Em algumas de suas lojas, existe a opção Zegna su misura, ternos feitos sob medida, além da possibilidade de encomendar seu terno de casamento, com preços superiores a US$ 2 mil.

Além dos ternos, lá você encontra blazers, camisas e sapatos, todos de primeiríssima qualidade.

Pode-se dizer que a Zegna é a Ferrari do vestuário masculino, de forma que é possível comprar qualquer peça sem medo de errar, apesar de essas peças não terem muita ousadia, pendendo para o clássico. Os preços são altos, como casacos de lã misturados com cashmere por US$ 340 e polos por US$ 200. A marca é uma das poucas do mundo que seleciona os fios direto da fonte, produz o tecido, desenha a roupa e vende em suas próprias lojas – um luxo para poucos, mostrado no preço de seus ternos.

As peças também podem ser encontradas em grandes lojas de departamento. A liquidação ocorre no final de junho e em dezembro.

663 Fifth Ave., nr. 52nd St. – www.zegna.com

Emilio Pucci. Pucci, uma das marcas mais interessantes de todas, tem roupas hippies e psicodélicas, totalmente originais, fazendo jus ao alto preço cobrado por suas peças, todas confeccionadas na Itália. De família rica, Emilio Pucci começou a trabalhar com moda utilizando o palácio em que residia, e seus clientes faziam parte do *jet set* que frequentava. Entre as mais ilustres, Marilyn Monroe, Jackie Kennedy e, atualmente, Nicole Kidman.

Criou a calça Capri, inspirada nos pescadores de Capri, na Itália, que levantavam suas calças para não molhá-las enquanto trabalhavam. No início, as peças eram criadas em cores inusitadas, mas viraram moda assim mesmo.

Seus modelos têm um valor alto, como um biquíni por US$ 450, uma túnica com suas famosas estampas psicodélicas por US$ 850 ou um vestido que não leva sua padronagem por US$ 5 mil. Essas peças podem ser encontradas também na Bergdorf Goodman com preços superiores a US$ 1 mil.

855 Madison Ave. – 611 Fifth Ave. – www.emiliopucci.com

Esprit. Mais uma loja para o público adolescente, com roupas multicoloridas e muita novidade. O preço é

razoável e suas vitrines têm boa apresentação, fazendo o estilo moderninho. Entretanto, só vale a pena entrar se você tiver menos de 20 anos de idade.
10 Columbus Cir., nr. 60th St (Time Warner Center) – 600 Fifth Ave., at 48th St. – 583 Broadway, nr. Prince St. – 21-25 W. 34th St., nr. Sixth Ave. – 110 Fifth Ave., at 16th St. www.esprit.com

Etro. Moda italiana para homens e mulheres, mas com destaque para os ternos masculinos. Fundada em 1968, a Etro é até hoje uma empresa de família – algo raro nas grandes empresas do mundo, que estão quase todas nas mãos de corporações.
Com um estilo de roupas brilhantes, criativas e com corte impecável, incluem também acessórios, mas o forte são os detalhes dos forros dos ternos, dos punhos das camisas e de suas golas.
Os vestidos, geralmente com padrões caleidoscópicos, caracterizando o Paisley, são fabricados na Itália. Costumam custar em torno de US$ 800, com túnicas que não ultrapassam os US$ 500. As roupas nos dão a impressão de estarmos na década de 1970 – um luxo para poucos.
Sua marca exclusiva pode ser encontrada também na Bergdorf Goodman. Liquidação nos meses de janeiro e junho.
720 Madison Ave., nr. 63rd St. – www.etro.com.

Diesel. Seus jeans são descolados e de excelente qualidade. A marca vende também roupas e acessórios para ambos os sexos e, atualmente, possui até um hotel em Miami, o Pelican Hotel. Os preços estão acima dos

SHOPPING

US$ 150, podendo chegar a quase US$ 1 mil por uma única peça.

Quando, em 1978, os criadores da marca, Renzo Rosso e Adriano Goldschmied, inventaram os jeans desbotados e começaram a vendê-los a preços mais altos do que os convencionais, muitos não acreditaram no sucesso da dupla. No entanto, em menos de dez anos, a grife já se espalhava por quase 50 países.

Com o slogan "For Successful Living", a Diesel vende quase 30 milhões de calças por ano, conseguindo engolir outras marcas, como Vivienne Westwood Red Label e Dsquared, as quais adquiriu. Entre seus clientes ilustres estão Karl Lagerfeld, Sandra Bullock, Gwyneth Paltrow, Brad Pitt, Lenny Kravitz, Bruce Willis, Gisele Bündchen, Tom Cruise, Dennis Quaid, Bono Vox, Gagliano, Nicole Kidman e a dermatologista brasileira Patrícia Schulmann.

Atualmente a marca dispõe de mais de cem cortes, muitos dos quais têm nomes próprios, como Like Liv, Hush e Brucke. Ao entrar na loja, os clientes solicitam seus modelos preferidos sem experimentar outras peças.

Há liquidações depois do Natal e no início de julho, com descontos de até 50%.

770 Lexington Ave. at 60th St. – 685 Fifth Ave. at 54th St. – 135 Spring St. nr. Wooster St – 1 Union Square West, at 14th St. – 68 Greene St. nr. Spring St. (Diesel Denim Gallery, apenas jeans com edições limitadas, feitas de modo artesanal e bem mais caras). 416 West Broadway, nr. Spring St (Diesel Kids, com decoração totalmente diferente para atender o público infantil) – www.diesel.com

SHOPPING

55DSL. Após o enorme sucesso da Diesel, Renzo resolveu criar a 55DSL com o filho Andrea Rosso. A marca é a irmã mais nova da Diesel e leva o número 55, ano em que Renzo nasceu. As peças são moderninhas e criativas, com estampas diferentes, como a da Estátua da Liberdade vestindo o chapéu de Che Guevara. Seus óculos são inusitados e custam em média US$ 200. De modo geral, os preços das peças são bem mais baixos do que os da Diesel. São lançadas duas coleções por ano, que se esgotam rapidamente. As lojas já estão no Japão, na Itália e na Inglaterra.
281 Lafayette St., nr. Prince St. – www.55dsl.com

Façonnable. Essa maravilhosa loja de roupas começou fazendo camisas nos anos 1950, em Nice, na França, com o alfaiate Jean Goldberg. Apenas 30 anos depois ela se instalou em Nova York. Hoje produz muito mais do que camisas, incluindo peças de todo o vestuário para ambos os sexos e uma linha de perfumes. Os preços de suas camisas sociais oscilam entre US$ 100 e US$ 150, e os de seus blazers, entre US$ 500 e US$ 1 mil.

Suas roupas podem ser encontradas em lojas próprias ou em lojas de departamento. Já os perfumes, cujas fragrâncias são maravilhosas, são vendidos apenas nas lojas próprias. Na Nordstrom, há uma boa variedade de suas peças, e os preços são melhores do que os de sua loja da Quinta Avenida.

As liquidações ocorrem nos meses de junho, julho, agosto e setembro, chegando a descontos de até 60%. Pena que o mês de liquidação é dividido entre masculino e feminino.
636 Fifth Ave. (Rockefeller Center) – Woodbury Common Premium Outlets –www.faconnable.com

Fendi. Criada em 1925, é mais uma marca italiana que vende qualidade e tradição na alta costura. Não só de bolsas e de peles vive a Fendi – com a ajuda de Karl Lagerfeld, conseguiu se destacar ainda mais no mundo do seleto grupo de grandes grifes. Sempre foi um luxo, mas transformou-se na vanguarda da moda para o vestuário e seus acessórios.

Seus casacos de sarja com visom foram criações de Lagerfeld, assim como a introdução de novos animais nas coleções, como esquilos e furão. Embora nos Estados Unidos a força contrária à utilização de peles seja grande, na Itália o consumo de peles não parou de crescer – o que Lagerfeld, na década de 1990, soube aproveitar muito bem. Seu principal foco inclui casacos, bolsas e sapatos femininos, mas a força consumista não resiste e vende

SHOPPING

acessórios masculinos, como bolsas de couro, cintos, óculos e relógios. Os vestidos passam de US$ 1,5 mil, sendo feitos de algodão com inserções de couro; as bolsas começam em US$ 1,2 mil para o modelo Zucca Bag de Jour, e chegam a US$ 4,3 mil nos modelos Peek-A-Boo Tote e White.

Um clássico é a Fendi Embroidered Baguette, que custa US$ 2,1 mil, de couro com bordado. Se preferir a versão mais barata, você pode comprar a Studded Leather Baguette, de pelica de couro, por US$ 995. Ambos os modelos são clássicos da Fendi.

Seus produtos são encontrados nas principais lojas de departamentos, como Bergdorf Goodman, Henri Bendel, Neiman Marcus e Saks Fifth Avenue.

677 Fifth Ave., nr. 53rd St. – www.fendi.com

SHOPPING

Forever 21. A mais transada loja de vestuário feminino de Nova York, cujas maiores concorrentes são as gigantes H&M e Zara. Com preços baixos, a loja cria tendências permanentemente e possui muitas bijuterias com design atualizado por menos de US$ 10.

Fundada na Califórnia, na década de 1980, por um casal de coreanos, Do Won e sua esposa, Jin Sook, a Forever 21 os transformou em bilionários, com filiais em todos os Estados Unidos, na Inglaterra e em São Paulo.

Nas enormes lojas da Big Apple, há escadas rolantes para dividir as roupas de vários estilos. Suas peças começam em US$ 15 e não passam de US$ 100, com os modelos mais modernos possíveis, que são, inclusive, copiados por grandes redes de lojas paulistas e cariocas.

40 E. 14th St. – 568 Broadway – 50 W. 34th St. – www.forever21.com

SHOPPING

Gant. Marca de ótima qualidade e roupas bem elaboradas, é a Gap da classe média alta americana. Enquanto algumas marcas são para os descolados, a Gant é para os mauricinhos nova-iorquinos. Comparada às muitas marcas da cidade, a Gant é até recente, fundada em 1949. Em 2008, foi vendida para o grupo dono da Lacoste.
Suas roupas são para jovens universitários, moças e rapazes. Além das camisas polo, jeans e gravatas, acompanha a tendência de grandes marcas, produzindo roupas infantis e acessórios para casa, como roupas de cama.
645 Fifth Ave., nr. 51st St. – www.gant.com

Gap. A gigante Gap é dona de outras grandes marcas, como Old Navy, que é bem baratinha, e Banana Republic, mais cara, ambas honestas e razoavelmente boas.
O casal Donald G. Fisher e Doris criou a marca em 1969 para o público jovem. No entanto, os empresários

SHOPPING

passaram a atender vários setores (Gap Kids, Baby Gap, Gap Body e Gap Maternity Collections) e transformaram o negócio em um empreendimento de mais de 4 mil lojas pelo mundo.

Suas roupas são bem baratas, com calças cáqui e muita variedade de jeans para ambos os sexos, a um preço médio de US$ 60. As camisas polo geralmente não passam de US$ 30, chegando a custar US$ 9 na liquidação; as cuecas samba-canção são criativas, com temas de máquinas fotográficas, animais e jogo de xadrez (de US$ 4 ou US$ 12). Na seção feminina, as roupas também são baratas, com calças por US$ 59 e bolsas de lona ou de náilon que não passam de US$ 50.

Para mulheres grávidas, há camisas por menos de US$ 50. As calças jeans e outros materiais com elástico na cintura nunca passam de US$ 70, e assim segue toda coleção. É possível, com US$ 100, sair com calça, camisa e ainda levar meias, tanto na seção masculina como na feminina.

122 Fifth Ave. – 277 W. 23rd St. – 60 W. 34th St. – 211-15 26th Ave. – 1466 Broadway – 1511 Third Ave. – 1 Astor Pl. – 1212 Sixth Ave. – 657 Third Ave. – 680 Fifth Ave. – 1988 Broadway – 11 Fulton St. – 734 Lexington Ave. – Woodbury Common Premium Outlets – 513 Broadway (GAP 1969) – www.gap.com

Giorgio Armani. Esse genial italiano estudou para ser médico, mas não terminou a faculdade e tornou-se estilista. Teve suas roupas que marcaram época expostas no Museu Guggenheim e trabalhou para o conceituado Nino Cerruti, destacando-se por um estilo limpo e uma alfaiataria perfeita, que segue até hoje. Ele alcançou destaque maior ainda quando vestiu Richard Gere no filme *Gigolô americano* (1980). Armani também trouxe a ousadia para os ternos femininos.

De modo geral, suas coleções possuem três linhas, da muito cara até a mais barata: Armani Black Label e Armani Privé, Armani Exchange e Armani Jeans. Podem ser encontradas na Barneys New York, na Bergdorf Goodman, na Bloomingdale's e na Saks Fifth Avenue.

760 Madison Ave., nr. 65th St. – Woodbury Common Premium Outlets – www.giorgioarmani.com

Guess. A Guess é uma marca completa, com relógios, bolsas, perfumes, sapatos, camisas, jeans, além de vestuário infantil. A primeira loja foi aberta em Beverly Hills, em 1981. No mesmo ano, já era um sucesso na Bloomingdale's e no ano 2000 teve como modelos Naomi Campbell, Claudia Schiffer, Anna Nicole Smith e Eva Herzigova. Era um sucesso de vendas.

Atualmente, sua concorrente é a Diesel, embora seus preços sejam mais competitivos (uma média de US$ 60, e as camisas, US$ 90). Suas peças estão na Macy's e na Bloomingdale's, que tem uma seleção mais bonita, embora um pouco mais cara.

537 Broadway, nr. Spring St. – Woodbury Common Premium Outlets – www.guess.com

Guess by Marciano. Paul Marciano, cofundador da Guess, nasceu em 1952, em Marselha, na França, tem origem judaica e montou a marca com seus irmãos Armand, Maurice e Georges, mas sempre foi o mais criativo de todos. O fato de ter pai, avô e bisavô rabinos nunca o deixou esquecer sua origem, tornando-se o maior benfeitor da Sephardic Synagogues, em Los Angeles.

Embora pequena, a loja da Broadway é muito aconchegante. A marca tem blusas mais decotadas, que encabeçam sua coleção, e muito couro e peles. O que se destaca, no entanto, são os inúmeros sapatos, botas e sandálias.

Se você descer para o subsolo, tome algo para se refrescar no pequeno bar da loja, que não vende bebidas alcoólicas, enquanto sua companhia estiver experimentando algo nos provadores.

514 Broadway, nr. Spring St. – 575 5th Ave.– www.marciano.com

H&M. Uma das maiores lojas do mundo, com mais de 2 mil filiais. Atende ao público masculino, feminino e infantil e têm preços ridiculamente baixos. Como estratégia, convida grandes estilistas para criarem coleções populares, como Stella McCartney, Viktor & Rolf e Karl Lagerfeld.

558 Broadway – 505 Fifth Ave. at 42nd St. – 111 Fifth Ave. at 18th St. – 640 Fifth Ave., nr. 51 St. – 731 Lexington Ave. at 59th St. – 150 E. 86th St. at Lexington Ave. – www.hm.com

Hermès. Essa loja de 160 anos de idade possui muitos atributos, mas vou começar falando de três objetos inesquecíveis – os lenços de seda, colecionados por muitas pessoas, as bolsas Kelly e as bolsas Birkin.

As bolsas Kelly e Birkin não são expostas na loja, pois são encomendadas. É preciso entrar em uma lista de espera e aguardar meses para recebê-las. As bolsas Birkin são feitas de diversos tipos de couro e em várias cores, e custam a partir de US$ 10 mil, aumentando de preço conforme os acessórios, como detalhes de ouro e brilhantes e o tipo de couro. Na maioria das vezes, são feitas com couro de jacaré (produção própria da marca). Já a Kelly tem esse nome em homenagem a Grace Kelly, que a usava nos anos 1950, apesar de a bolsa já existir desde a década de 1930.

A marca tem bolsas, sapatos, roupas, gravatas, relógios e perfumes. Os produtos são caros e não são vendidos em qualquer lugar, apenas em suas lojas próprias.

O mais interessante é que os couros usados pela Hermès são importados de lugares como Israel, França, Cingapura, entre outros, mas a seda usada é a melhor do mundo, feita no Brasil.

15 Broad St., nr. Exchange Pl – 691 Madison Ave., at 62nd St. – John F. Kennedy International Airport (Terminal 1) – www.usa.hermes.com.

Hermès Man. Aberta em 2010, a Hermès totalmente dedicada aos homens tem preços *over*, o que não inibe o público exigente e milionário que enche a loja. As peças dessa loja são exclusivas, como gravatas com motivos de maçã ou da Estátua da Liberdade, além de outras peças de fabricação limitada – até uma luva de beisebol de couro feita manualmente, que custa mais de US$ 8 mil.

No primeiro andar, você encontra gravatas, ternos e acessórios, como relógios (pouquíssimos) e perfumes que não são vendidos nem no *free shop*. Já no mezanino há malharia e pequenos acessórios. No terceiro andar,

as peças vão além dos US$ 20 mil e, no quarto piso, há o ultraexclusivo ambiente para roupas sob encomenda. As encomendas são encaminhadas para a França e voltam para acertar detalhes, por exemplo, a bainha de uma calça.
690 Madison Ave., at 62nd St. – www.hermes.com

Hollister Co. No mesmo estilo da sua irmã Abercrombie, a loja é enorme e escura. São quatro andares na loja da Broadway, com um perfume delicioso, inesquecível para saudosistas que voltam pela segunda ou terceira vez à loja. Com estilo casual, vende camisas floridas e xadrez, muito jeans e roupas de praia, além de colares e pulseiras para as meninas, sempre com vistas ao público jovem, que aguenta subir quatro andares para pagar suas compras!
668 Fifth Avenue – 600 Broadway, nr. Houston St. – www.hollisterco.com

Hugo Boss. Foi fundada em 1923 pelo estilista alemão, que morreu em 1948. Atualmente, há mais de mil pontos de venda em todo o mundo, atendendo o público masculino, feminino e infantil.
Boss foi membro do partido nazista. Para não falir, tornou-se fornecedor oficial dos uniformes da SS, SA e Juventude Nazista, e também utilizou mão de obra dos prisioneiros de guerra na Polônia e na França.
O estilo de Boss é impecável, tem um corte preciso, além de excelente qualidade e bom gosto.
401 W. 14th St. at Ninth Ave. – 10 Columbus Cir. (Time Warner Center) – Woodbury Common Premium Outlets – www.hugoboss.com

J. Crew. Essa rede de lojas, com roupas masculinas, femininas e infantis, possui 127 lojas nos Estados Unidos e uma distribuição de catálogos com 80 milhões de exemplares. Foi fundada em 1947 com o intuito de vender roupas baratas. Atualmente, os preços não são tão bons, mas continuam sendo competitivos e atraindo um público jovem e descolado, que deixou de comprar na Banana Republic para se tornar sua clientela.

Nessa loja, encontramos blazers, camisas sociais e diversas meias com padronagem escocesa. Para o público masculino, há muita calça bege e jeans e alguns paletós. Se você for ao fundo da loja, sempre encontrará descontos em suas araras e peças de final de coleção.

As camisas sociais são de boa qualidade, feitas com puro algodão, e geralmente custam US$ 60, podendo chegar a US$ 27 na liquidação. Quanto às camisas esporte e às estampadas, os preços não mudam muito, mas são extremamente baixos nas liquidações, chegando a US$ 10. As calças de sarja têm corte impecável e custam US$ 60. Além disso, há gravatas a US$ 49, sempre originais e de seda, tanto a borboleta como a tradicional, acompanhando as tendências – ora mais estreitas, ora mais largas.

Na seção feminina, a moda é jovial e também moderna, com peças de algodão e seda, como bermudas por US$ 80, blazers por US$ 200, camisas polo supercoloridas, malhas, sapatos e até roupas para casamento por uma média de US$ 200, de seda, organza e até cashmere.

Quanto aos casacos de cashmere, não é aconselhável comprar, pois os preços giram entre US$ 100 e US$ 200, mas a qualidade é ruim. Geralmente são "made in China"

SHOPPING

e não se comparam aos de boa qualidade, cujo preço é de US$ 400. As peças de cashmere dessa loja são feitas para serem usadas em uma só temporada, embora as cores sejam de arrasar.
Time Warner Center – 10 Columbus Circle at 59th St. – 91 Fifth Ave. nr. 17th St. – 99 Prince St., at Mercer St. – 30 Rockefeller Plz., nr. 50th St – 347 Madison Ave., at 45th St. – Woodbury Common Premium Outlets.

John Varvatos. Esse estilista americano de origem grega trabalhou para a Polo Ralph Lauren e para a Calvin Klein e só depois abriu a empresa que leva seu nome. Varvatos também criou uma linha para o Converse All Star. Em sua loja, encontramos jeans, camisas, acessórios e perfumes. Os jeans custam em torno de US$ 200, as camisas, a partir de US$ 100, e os perfumes, que podem ser encontrados em qualquer loja de departamento, custam US$ 78.

Embora as roupas não sejam muito baratas, a qualidade é boa, a seleção é moderna e o atendimento é excelente. Mesmo não comprando nada, vale a pena entrar, pois a loja fica no antigo CBGB Punk Club (122 Spring St.).
315 Bowery, nr. Bleecker St – 122 Spring St., at Greene St. – www.johnvarvatos.com

Kenneth Cole. A Kenneth Cole parece a Gap em menor escala. A cada dia vemos surgir mais lojas nas esquinas da cidade. Não é para menos, pois a qualidade e o bom gosto são únicos. A marca começou vendendo apenas acessórios (seus sapatos eram de uso obrigatório para os descolados, pois, além de duráveis, tinham um estilo excepcional), no entanto, com o passar dos anos, foram introduzidos os vestuários feminino e masculino para atender o público crescente.

Os sapatos masculinos custam a partir de US$ 100, mas as camisas podem ser adquiridas por menos. Os vestidos não saem por mais de US$ 200, assim como os sapatos e botas. A loja é uma boa opção para quem não pode gastar muito e procura durabilidade.

130 E. 57th St., nr. Lexington Ave. – 95 Fifth Ave., at 17th St. – 595 Broadway, nr. Houston St. – 107 E. 42nd St. (Grand Central Terminal) – Woodbury Common Premium Outlets – www.kennethcole.com

Marc Jacobs. Esse genial americano nascido em 1963, em Nova York, foi diretor criativo da Louis Vuitton e foi eleito pela *Time Magazine*, em 2010, como uma das cem personalidades mais influentes do mundo. Quando contratado pela Louis Vuitton, teve grande destaque, introduzindo peças de vestuário e contratando artistas consagrados para dar nova cara às bolsas da marca, como Stephen Sprouse, Takashi Murakami, Richard Prince e o rapper Kanye West.

Seu nome, atualmente, tem peso de ouro – tudo o que toca faz sucesso e fortuna. Com três tipos de lojas – Marc Jacobs Collection, Marc by Marc Jacobs, linha secundária criada em 2001, e Little Marc, para crianças – e com todo o sucesso mundial, por incrível que pareça, preferiu se estabelecer em Paris.

Marc Jacobs Collection: 385 Bleecker Street
Marc by Marc Jacobs Men's: 382 Bleecker Street
Little Marc (infantil): nessa loja você encontra jeans por

SHOPPING

US$ 79 e conjuntos de moletom por US$ 123. 298 West 4th Street – www.marcjacobs.com

Maxmara. Existem duas lojas na cidade dessa rede italiana criada em 1951. De bom gosto e sofisticada, é acessível a poucos, sendo muito bem frequentada, na hora do almoço, por clientes bem-sucedidos. Além das roupas, seus óculos são conhecidos pelos lindos designs, tendo como clientes famosas Sandra Bullock e Carla Bruni Sarkozy.

Achille Maramotti, seu fundador, em 2005, quando faleceu, era considerado um dos homens mais ricos do mundo pela revista *Forbes*. Sua fortuna veio da marca, que, na década de 1950, quando começou, vendia só roupas masculinas.

Você também encontra suas peças na Saks Fifth Avenue, com preços seletivos, como Burano Wrap Jersey Dress por US$ 600, Kenya Hooded Coat por US$ 1300 e Printed Belted Dress por US$ 700. Embora seja uma roupa cara, a qualidade é excepcional.

813 Madison Ave. at 68th St.

Max Studio (Soho). Dos quase 7,2 mil pontos de vendas, além de 50 lojas nos Estados Unidos, apenas uma é localizada em Nova York. Gwyneth Paltrow e Angelina Jolie são sempre vistas vestindo seus modelos. O nome verdadeiro de Leon Max é Leonid Maxovich Rodovinski. De origem russa, imigrou para Israel e depois para os Estados Unidos. Hoje é considerado um rei da moda. Entre seus amigos estão Elton John e Lily Safra, viúva do bilionário banqueiro Edmund Safra.

Com preços que competem com os da Zara (talvez um pouco mais altos), um vestido custa em média US$ 200. As saias, mais caretas do que moderninhas, vão de US$ 50 a US$ 100, e os sapatos variam de US$ 100 a US$ 200. A loja mantém um público bem conservador e mais econômico; prova disso é que suas peças são encontradas na Macy's e na Bloomingdale's, e não nas grandes redes de luxo. Inclusive, se você for comprar sapatos dessa marca, sugiro que compre na Macy's, pois a variedade lá é enorme.
426 West Broadway, nr. Prince St. – www.maxstudio.com

Michael Kors. Michael Kors é o estilista do momento. Todos querem seus relógios coloridos, que custam US$ 195 e são amarelos, azuis e com imitações de brilhantes. As roupas são caras quando compradas em suas lojas e algumas vezes são *made in China*. Os vestidos que são vendidos na Bergdorf Goodman, por exemplo, são *made in Italy* e custam mais de US$ 1 mil. Há também vestidos a partir de US$ 150 e calças por mais de US$ 500. Se compradas nas grandes lojas de departamento, não passam de US$ 100. Seus modelos são bem comportados, quase caretas, com saias perto do joelho e blusas com pouco decote.
De origem judaica, nascido em Nova York, Kors estudou moda no Fashion Institute of Technology e logo teve sua coleção à venda nas principais redes de lojas de departamento, como Bloomingdale's, Bergdorf Goodman, Lord & Taylor, Neiman Marcus e Saks Fifth Avenue.
Em dezembro e em julho há liquidações em suas lojas. Na Macy's, entretanto, quase sempre há promoções de suas peças de roupas.

101 Prince St., nr. Greene St. – 974 Madison Ave., at 76th St. – www.michaelkors.com

Missoni. Seus fundadores, Ottavio Missoni e Rosita, montaram uma pequena fábrica de malha de tricô na Lombardia, em 1953. Nos anos 1960, as roupas de tricô multicoloridas já tinham caído no gosto popular e, na década seguinte, suas coleções já estavam na Bloomingdale's, agradando a todo tipo de celebridades e clientes de alto poder aquisitivo. Hoje em dia, a marca possui clientes famosos como Kate Moss e Drew Barrymore.

Suas roupas são supercoloridas, de um gosto muito específico. Os vestidos são vendidos por mais de US$ 1 mil, as camisas, por US$ 700, sendo a maioria feita de náilon, viscose e lã, tudo confeccionado na Itália.

As peças Missoni também estão à venda na Bergdorf, e louças da marca também são encontradas na Bloomingdale's a partir de US$ 60. A liquidação ocorre duas vezes por ano, no final de cada temporada.

1009 Madison Ave. at 78th St – www.missoni.com

Miu Miu. É a marca de segunda linha da Prada, que oferece produtos menos caros. São, na maioria das vezes, sintéticos, com roupas de cortes bem interessantes que fazem da Miu Miu não só uma marca, mas um estilo de vestir bastante audacioso.

A marca vende bolsas e roupas femininas. Seus sapatos podem ser feitos de couro, alguns imitando leopardo. Na verdade, são de bezerro com impressão em cima, mas quase tão caros quanto os da Prada, pois custam em torno de US$ 1 mil. O engraçado é que, quanto mais exótico,

mais caro. Os sapatos mais clássicos de couro, elegantes e bicolores, costumam bombar. São feitos na Itália, bem como todos os produtos da marca, e custam US$ 650.
Quanto às bolsas, os materiais mais baratos não significam preço menor, de forma que algumas bolsas com alças feitas de corda e detalhes de camurça não saem por menos de US$ 1 mil. Há também sapatos e bolsas na Saks Fifth Avenue e na Bergdorf Goodman.
11 E. 57th St., nr. Madison Ave. – 100 Prince St., nr. Greene St. – www.miumiu.com

MNG by Mango. A rede espanhola, que já teve estampados em sua propaganda os rostos de Penélope Cruz e Scarlett Johansson, é supertransada e bem estilosa, com preços similares aos da Zara. Há seleções de peças especiais em cada temporada que sobressaem ao resto da coleção em estilo e preço, geralmente em número limitado. Não deixe de visitar a seção de jeans, que fica ao lado do setor masculino, mas fique de olho também nos sapatos, nas bolsas, nas bijuterias e nos demais acessórios.
No verão e no inverno, as peças da antiga coleção entram em liquidação.
561 Broadway, nr. Spring St. – www.mngbymango.com

Old Navy. É a loja baratinha da Gap. É ideal para quem quer estar na moda e tem pouquinho dinheiro. Seu público é enorme, pois vende para homens, mulheres grávidas, jovens, meninas e meninos. As lojas são grandes, geralmente possuem três andares. O térreo é voltado para o público feminino, o subsolo, para o público masculino, e o terceiro andar, para crianças e recém-nascidos.

Os preços começam em US$ 2, por um par de meias, casacos de moletom a US$ 20, calças jeans na mesma faixa e transadas camisas de malha por US$ 10.

Há araras de descontos em algum canto da loja, que chegam a ter roupas infantis por US$ 3 ou US$ 5 – uma pechincha, pois são modernas.

150 W. 34th St. nr. Broadway – 610 Sixth Ave. at 18th St. – 503 Broadway, nr. Spring St. – www.oldnavy.com

Original Penguin. Criada nos anos 1950, sumiu e ressuscitou pela marca Perry Ellis. Agora até Brad Pitt usa. Quando foi lançada, usava o mesmo tecido da Lacoste, e seus usuários eram Richard Nixon, Frank Sinatra, Bob Hope e Bing Crosby, além de jogadores profissionais de golfe. Voltando à mídia com um tremendo marketing, a marca apareceu em seriados como *Gossip Girl*, *Mad Man* e *The Office*.

As camisas polo custam em média US$ 60, e os modelos mais bonitos são vendidos em sua loja própria ou em seu site, mas não nas lojas de departamento. No geral, os preços são bem interessantes, oferecendo boas promoções – sugiro entrar no site e se cadastrar para receber, por e-mail, um cupom com desconto de 20%. Se for comprar on-line, vá até a loja antes e experimente a roupa, pois a numeração é bem justa. A entrega de seu pedido pode ser feita no hotel. A Original Penguin pode ser encontrada nas grandes lojas de departamento, como a Macy's, a Nordstrom, a Saks e a descolada Urban Outfitters.

1077 Sixth Ave., nr. 41st St – www.originalpenguin.com

Paul Smith. O estilista britânico mais festejado no Japão tem lojas em todo o mundo. Até hoje, ele é um dos poucos estilistas no mundo a ser presidente de sua própria marca, recusando ofertas para vender a marca a empresas como Gucci e LVMH. Nos anos 1980, foi venerado pela nova onda de consumo dos famosos yuppies, que surgiam cheios de dinheiro em Nova York. Paul recebeu o título de Sir na Inglaterra.

As roupas são um espetáculo: camisas polo com detalhes coloridos na manga ou com mais botões que de costume, ternos bem cortados e justos – não vá querer comprar um deles se estiver com sobrepeso, pois não vai encontrar o número certo. As roupas femininas têm estilo um pouco funky, sendo fácil reconhecer que pertencem ao estilista. Para quem não o conhece, basta dizer que ele ficou famoso pelas inúmeras listras no design. Em janeiro e em junho, a loja entre em liquidação.

108 Fifth Ave., at 16th St. – 142 Greene St., nr. W. Houston St. – 280 Grand St., nr. Roebling St. (é mais barata do que as outras unidades) – www.paulsmith.co.uk

Paul Stuart. Fundada em 1938 por Ralph Ostrove, tem um estilo clássico, multicolorido e de boa qualidade. A loja cativa clientes que não se importam com os preços altos (sapatos saem por mais de US$ 500, e camisas de algodão, por US$ 200). A marca possui unidades até no Japão, regularmente frequentadas pelo público masculino e feminino. As liquidações ocorrem sempre nos meses de janeiro e julho.

Madison Avenue at 45th St. – www.paulstuart.com

Pink (Thomas Pink). Uma tremenda loja de camisas sociais de excelente qualidade para homem e mulheres. Com imensa variedade de tecidos, cores e estampas, fica difícil não querer uma peça dessa loja. Há camisas com diversos tipos de colarinho, bem como de punho duplo ou não, sempre para ambos os sexos.

Um bom investimento no vestuário é a camisa Marcella, campeã de vendas e de qualidade, feita de algodão egípcio, por US$ 180.

Em 1997, a empresa vendeu parte de suas ações para o grupo LVMH, motivo pelo qual a qualidade nunca caiu, devido aos altos padrões de exigência da marca.

1155 Sixth Ave., nr. 44th St. (Times Square) – 63 Wall St., nr. Hanover St. – 520 Madison Ave., nr. 53rd St. – 10 Columbus Cir., at 60th St. (Time Warner Center) – www.thomaspink.com

Ralph Lauren. Ralph Lifshitz nasceu em 14 de outubro de 1939, no Bronx. Judeu de classe média, conseguiu legalmente adotar o sobrenome Lauren. Sua mãe teve uma desilusão quando Ralph não quis ser rabino e preferiu vender roupas. Em determinado momento, ele resolveu criar e vender suas próprias roupas e gravatas.

No final da década de 1960, Ralph conseguiu vender na Bloomingdale's, embora não tivesse prática na confecção de gravatas. No entanto, suas peças tinham corte diferente do mercado e eram mais coloridas. Daí em diante, a Ralph Lauren não parou de crescer, tornando-se uma das marcas mais imponentes do mundo.

Você pode encontrar a grife nas suas próprias lojas e nas grandes redes de departamento, apesar da Ralph

Lauren ter uma seleção mais restrita e bem mais cara. Sua coleção regular inclui camisas, vestidos, ternos e jeans, e tem como principal concorrente a Tommy Hilfiger.

As liquidações acontecem nas quatro estações do ano (duas vezes no verão).

888 Madison Ave., at 72nd St. – 867 Madison Ave., at 72nd St. (ao passar nessa loja, preste atenção à casa, que foi uma das últimas mansões de Manhattan e pertenceu à família Rhinelander; sua construção foi concluída em 1898. Em 2005, foi vendida por US$ 80 milhões de dólares). 381 West Broadway, nr. Broome St. – 872 Madison Ave., at 71st St. (Ralph Lauren Baby); 878 Madison Ave., nr. 71st St. (Ralph Lauren Children) – 109 Prince St. – 383 Bleecker St., nr. Perry St. (Ralph Lauren Men's)– Woodbury Common Premium Outlets – www.ralphlauren.com

Roberto Cavalli. Um verdadeiro ícone da extravagância. Sua moda tem muito couro e muita pele, de leopardo, zebra, camurça e cobra.

Começou em 1970, inventando um processo de impressão no couro nunca feito antes, e ficou conhecido rapidamente. Daí começou a criar patchwork com materiais diferentes.

Sempre polêmico, criou uma linha de lingerie com imagens de deusas hindus, que foi logo retirada de circulação após receber críticas da comunidade hindu.

Ao entrar na loja, acionando a maçaneta de cristal, você já pode imaginar o que vai encontrar pela frente. Seus clientes são celebridades extravagantes como Britney Spears, Jennifer Lopez e Bon Jovi.

As coleções sempre primam pelos detalhes, com inclusão

SHOPPING

de franjas, pedras, fios dourados, rasgos, fendas e decotes.
711 Madison Ave., at 63rd St. – www.robertocavalli.com

Swiss Army (Victorinox). É a marca do canivete mais famosa do mundo, que qualquer garoto já sonhou em comprar. Antes só era vendido na cor vermelha, mas hoje pode ser encontrado em todas as cores e tamanhos. A Swiss Army é uma empresa que cresce mais a cada ano. Em sua loja há roupas e acessórios, que, embora bem caretas, são de boa qualidade, e os preços são razoáveis.
Há muitas cópias piratas do canivete, geralmente vindas da China. Uma forma de saber se o canivete é falso é abrindo-o e fechando-o. Se ouvir um estalo, é verdadeiro (no falso não se ouve esse estalo).
Caso resolva comprar um canivete suíço, sugiro o CyberTool 34, por volta de US$ 100. Ele vem com outras ferramentas, além do kit básico de faca, saca-rolha e abridor de lata.
99 Wooster St. – www.swissarmy.com

Talbots. A primeira vez que ouvi o nome dessa loja foi de uma amiga, que me contou que os preços são bons, as roupas são clássicas e não saem de moda, e ela ainda encontrava seu tamanho.
As camisas sociais são bem clássicas, de seda ou de algodão, lisas ou estampadas. O preço médio é de US$ 70 a US$ 110. Já os terninhos, bem clássicos, custam US$ 200 e variam nas cores sólidas como vermelho, preto ou branco. Os vestidos, embora tradicionais, não são caretas – pelo contrário, são elegantes e custam até US$ 200. Eles vestem muito bem se a mulher não estiver acima do peso.

Ao entrar no site, quem se cadastra consegue descontos de 10% ou 15%, enviados por e-mail – uma vantagem antes de viajar. As liquidações são sempre ao final de cada temporada, com ofertas de até 50%.
525 Madison Ave. – 1251 Third Ave. at 72nd St. –2289 Broadway nr. 82nd St. – www.talbots.com

Tom Ford. Esse conceituado estilista, nascido em 1962, foi quem deu vida à Gucci, quando ela começava a entrar em decadência. Outro mérito foi adquirir a Maison Yves Saint Laurent, em 1999, vencendo uma disputa incrível do bilionário grupo LVMH, o que não o impediu de comandar a Balenciaga, a Stella McCartney e a Alexander McQueen.

A loja masculina é um luxo. Além de ternos, camisas, gravatas e sapatos, os mais felizardos podem se dirigir ao segundo andar e encomendar, sob medida, seus objetos de desejo – tudo que lhe vier à cabeça. Se não ficar satisfeito, pode agendar o dia e a hora, mesmo após o expediente, e ter seu atendimento privativo.
845 Madison Ave., nr. 70th St. – www.tomford.com

Tommy Hilfiger. Nascido em Nova York em 1951, Jacob Thomas Hilfiger começou a trabalhar cedo, mas seu negócio faliu. Depois de atuar como freelancer, arranjou um emprego na Jordache e depois com Mohan Murjani, um magnata da indústria têxtil indiana, antes de montar a Tommy Hilfiger Co. Inc. Seus maiores concorrentes são Calvin Klein e Polo Ralph Lauren. Seus produtos incluem camisas, calças jeans e camisas polo.
681 5th Ave. – 601 W 26th St. – usa.tommy.com

SHOPPING

Topshop. A Topshop é um grande sucesso mundial, presente em 30 países com a moda fast fashion inglesa. O grande lance aqui são as promoções, por isso, antes de viajar, fique atento às ofertas relâmpago.

É uma tremenda loja, com muito estilo e muita variedade, mas pouca qualidade e pouca quantidade – parece que a tendência é a rotatividade. A exceção são os sapatos e bolsas, alguns de couro, feitos com mais esmero.

Essa megastore, diferente da H&M, possui preços mais altos e mercadorias de qualidade não tão elevada quanto prega. São quatro andares de moda feminina e três de moda masculina. Kate Moss marca presença no vestuário feminino com uma coleção própria, com roupas que levam seu nome e, supostamente, têm seu estilo. Com relação às roupas masculinas, a Topshop investe muito em propaganda na *GQ Magazine* e procura, cada vez mais, um público que antes não prestava atenção em suas araras.

Você pode ter certeza de que as últimas tendências estão ali sendo vendidas para você. E as peças que ficam à mostra mudam a cada semana. Para quem curte moda e não necessariamente quer comprar, entrar nessa loja é uma aula de estilo.

478 Broadway, nr. Broome St. – www.topshop.com

True Religion Jeans. Marca queridinha das celebridades, com mais de 40 modelagens diferentes para homens, mulheres e crianças, traz qualidade e uma grife reconhecida mundialmente. As lojas também vendem acessórios, como bolsas e cintos. Você também encontra as peças em lojas de departamento, como a

Bloomingdale's. Ideal para quem gosta de jeans (a partir de US$ 200).
1122 Third Ave. nr. 66th St. – 132 Prince St. nr. Wooster St. – 863 Broadway (17th St.) – 14 Wall St. (Financial District) Columbus Circle (Time Warner) – Woodbury Common Premium Outlets – www.truereligionbrandjeans.com

Uniqlo. Essa loja tem dado muita dor de cabeça para sua concorrente Gap. São roupas para homens e mulheres, modernas e baratas, todas *made in China*. A loja da Broadway é enorme, com dois andares, nos quais você encontra meias supercoloridas, shorts, calças, camisas, casacos de moletom e de caxemira de todas as cores (e de péssima qualidade).

São peças baratas, que nos dão vontade de comprar sem experimentar, mas não vale a pena fazer isso: a numeração é meio desproporcional, sendo preferível entrar nas enormes filas que se formam nos provadores, que são rápidas, pois há muitas cabines. Há também modernos blazers com cortes bem elaborados. No entanto, repito: são peças feitas para durar apenas uma estação. Os preços não passam dos US$ 100.

546 Broadway, nr. Spring St. – 666 5th Ave. – 31W 34th St – www.uniqlo.com.

United Colors of Benetton. Há duas décadas a loja era muito maior e ficava localizada onde hoje se encontra a Sephora – atualmente, fica ao lado do antigo endereço. Conhecida por publicidades polêmicas, que mostravam uma pessoa morrendo de aids, um padre beijando uma freira, presos no corredor da morte, cadeira elétrica e

SHOPPING

outros anúncios incríveis que marcaram milhares de pessoas pelo mundo, apoiando ou criticando.

A Benetton vende roupas supercoloridas, entre camisas polo e peças para o dia a dia, com dezenas de opções. Há 6 mil lojas pelo mundo, e são produzidas mais de 140 milhões de peças por ano. Há uma liquidação no meio de cada estação.

601 Fifth Ave., nr. 48th St –10 Columbus Cir., nr. 58th St (Time Warner Center) – www.benetton.com

Versace. Marca fundada em 1978 por Gianni Versace, que foi assassinado aos 51 anos, na porta de sua casa, em Miami Beach. Com clientes como Madonna e J. Lo, Versace sempre imprimiu a marca do luxo e da extravagância a suas roupas, como em sapatos brancos ou roxos e o tecido interior dos ternos com muitas estampas. Em sua loja na Quinta Avenida, vendem-se roupas masculinas e femininas espalhadas pelos dois andares. Os vestidos custam pelo menos US$ 1 mil, podendo ultrapassar os US$ 4 mil. Não necessariamente são feitos de seda, mas de viscose, poliamida e lã de lhama. Também são encontrados na Bergdorf Goodman.

647 Fifth Ave. at 52nd St. – www.versace.com

Zara. A rede espanhola Zara (Inditex), conhecida por vender roupas com design moderno e preços bem baixos, também é famosa por sofrer inúmeros processos judiciais de grandes grifes, que a acusam de copiar novidades e lançá-las em tempo recorde. Em um mês, a megastore consegue criar e colocar inúmeras peças em suas prateleiras, como aconteceu com um figurino

de Madonna – em menos de um mês e meio, peças similares ao modelo usado pela estrela, assinado por uma grande grife, chegaram às araras da Zara.
As lojas de Nova York são cheias de turistas, principalmente a da 34th Street, mas também possuem peças diferentes – a mais fashion é a da Quinta Avenida, com produtos até mais caros do que as outras lojas. A unidade da Broadway é menos cheia e aonde mais chegam novidades, quase diariamente.
39 W. 34th St. nr. Fifth Ave – 500 Fifth Ave., at 42nd St. – 580 Broadway, nr. Prince St. – 101 Fifth Ave., nr. 17th St. – www.zara.com

LINGERIE E MODA PRAIA

Embora aqui você encontre algumas lojas de lingerie, é interessante dar uma olhada nas redes de departamento, que oferecem diversos modelos a preços mais convidativos e com mais possibilidades de desconto, mesmo no caso das marcas mais sofisticadas.

Kiki de Montparnasse. Kiki de Montparnasse foi musa do fotógrafo Man Ray nos anos 1940, e sua linha lingerie é linda e muito bem elaborada, embora cara. A loja não só vende roupas íntimas, mas também fotografias e brinquedinhos eróticos, como vibradores, chicotes e algemas de couro, em um ambiente muito intimista e sensual. Mesmo que não vá comprar, vale a visita, pois o ambiente nos leva a uma viagem deliciosa.
79 Greene St., nr. Spring St. – www.kikidm.com

La Perla. A loja italiana é maravilhosa em estilo e qualidade. Seu público talvez seja de mulheres mais velhas ou mais conservadoras, e o preço das calcinhas varia de US$ 60 a US$ 150. Em suas coleções, há parcerias com grandes estilistas, como Vera Wang e Yumi Katsura, que dão um toque ainda mais elitizado à marca.
A linha Black Label é uma das mais procuradas, por ser sexy e confortável. Há preços a partir de US$ 90, mas a mesma peça custa US$ 78 na Bergdorf.
As liquidações ocorrem no meio do ano e oferecem descontos de até 50%.
425 W. 14th St. nr. Ninth Ave. – 803 Madison Ave. nr. 67th St. – Woodbury Common Premium Outlets – www.laperla.com

SHOPPING

Victoria's Secret. Em 1982, havia apenas seis lojas dessa marca. Após ser vendida para o grupo Intimate Brands, tornou-se a mais famosa marca de lingerie, com uma infinidade de modelos de calcinhas, sutiãs, espartilhos, pijamas, cremes e perfumes – atualmente, existem 1.600 lojas em todo o mundo. A grife já teve como modelos as brasileiras Gisele Bündchen, Adriana Lima e Alessandra Ambrosio.

Geralmente são feitas promoções dos hidratantes corporais, cuja variedade de aromas é enorme, incluindo pera, morango com champanhe, baunilha, entre outros. Os cremes podem ser comprados por unidade ou seis embalagens por US$ 20. As calcinhas de algodão custam em torno de US$ 10, e os sutiãs, US$ 30.

1328 Broadway, at 34th St. (só cosméticos) – 565 Broadway, at Prince St.– 165 E. 86th St. – 722 Lexington Ave. – 591 Broadway, nr. Houston St. – 901 Sixth Ave. nr. 33rd St. – 34 E. 57th St. nr. Madison Ave. – 115 Fifth Ave. nr. 19th St. – 2333 Broadway, at 85th St. – 19 Fulton St. at South St. (Seaport) – 1328 Broadway, nr. 34th St. – www.victoriassecret.com

Wolford. Considerada a Mercedes-Benz das meias e da lingerie, essa marca austríaca também cobra preços altíssimos por seus produtos. Por exemplo, uma calcinha ou um sutiã custam US$ 160, os bodies mais baratos saem por US$ 150, as meias masculinas são vendidas a partir de US$ 35 e as meias-calças femininas, a US$ 45.

Se você for comprar produtos dessa marca, sugiro passar na BG ou na Bloomingdale's, onde os preços costumam

ser 10% mais baixos. Na loja própria, há liquidações nos meses de janeiro e junho.
619 Madison Ave. nr. 58th St – 122 Greene St. at Prince St. – 996 Madison Ave. nr. 77th St.

Dica quente:
Babeland. *A loja de produtos eróticos tem feito muito sucesso na cidade – parece até que virou ponto turístico, devido ao grande movimento de clientes. Lá são oferecidos produtos de sua própria grife e de outros fornecedores. As vendedoras explicam como funciona cada um dos brinquedinhos, inclusive como trocar as baterias (ao pagar, peça mais baterias no caixa, pois elas podem ser fornecidas gratuitamente dependendo da compra). Um dos vibradores mais interessantes chama-se Elastomer Rabbit Habit (US$ 90) – aquele que ficou famoso no seriado* Sex and City. *Ele é todo feito de látex e tem um pequeno coelho que serve para estimular o clitóris. Há uma infinidade de modelos e tamanhos, além de preservativos diferentes e cremes estimulantes de todos os preços. Nada é muito caro, e a maioria dos produtos fica no mostruário para que o cliente veja e entenda seu mecanismo.*
94 Rivington Street – 43 Mercer Street (Soho).

NOIVAS E GESTANTES

Nas lojas selecionadas nessa categoria, é possível comprar vestidos, roupas para o noivo e para os padrinhos e uma infinidade de itens para o casamento. Enormes e com bom preço, esses lugares atraem pessoas do mundo inteiro, de forma que vale muito a pena visitá-los antes de mandar fazer um vestido no Brasil. Os vestidos estão disponíveis em grande quantidade de cores, modelos e tamanhos.

A noiva que quiser ter mais opções, além das dicas citadas aqui, pode procurar as lojas Gabriella, cuja dona trabalhou para Ralph Lauren e Calvin Klein, que oferecem até vestidos para cerimônias ortodoxas e fazem liquidações de até 50% no decorrer do ano. Além disso, esse tipo de produto também é encontrado em lojas como Gap, Old Navy e outras redes.

David's Bridal. Uma loja sem igual! Nela você encontra uma centena de modelos de vestidos de noiva a partir de US$ 100 e roupas para madrinhas, de todas as cores e modelos, por pouco mais de US$ 50.

Dá para comprar também vários arranjos personalizados para a festa, como lembrancinhas que incluem bolsas, velas, sandálias, envelopes e tudo que se possa imaginar para um casamento feliz e econômico.

Os preços são incríveis, e as opções, inúmeras. Sai mais barato pegar um avião, comprar tudo nessa loja e voltar do que comprar no Brasil.

751 Sixth Ave. nr. 25th St. – www.davidsbridal.com

SHOPPING

Destination Maternity. Um enorme espaço para grávidas com roupas de grife, como Diane von Furstenberg, Chaiken e Vivienne Tam, além de marcas bem baratas. Nessa loja são vendidos casacos, calcinhas, jeans e outras opções, com diferentes preços (uma calça pode custar de US$ 20 a US$ 200, por exemplo). A variedade é incrível. Há ainda um lugar para as crianças brincarem enquanto você faz as compras e um mini spa.
28 E. 57th, nr. Madison Ave. – www.destinationmaternity.com

Vera Wang. Essa nova-iorquina de origem chinesa foi a pioneira em levar a alta costura para o altar em grande estilo. As atrizes Sharon Stone e Uma Thurman usaram seus vestidos de noiva ao se casarem, além de outras celebridades. Sua habilidade também a fez desenhar peças para atletas.
Ganhou destaque no seriado *Sex and the City*, no episódio em que Charlotte usou um vestido feito por ela, e também no filme *Noivas em Guerra* (2009), quando outra peça sua foi utilizada pela atriz Kate Hudson. Outro feito foi a participação como jurada, em 2006, no seriado *Project Runway*.
Os vestidos para festas ou mais sofisticados são vendidos a partir de US$ 500 e são feitos em grande parte nos Estados Unidos, diferentemente de outros estilistas que preferem confeccionar suas peças na Itália. A marca também oferece produtos para casa, como copos, pratos e porta-retratos, que você encontra em algumas lojas de departamento, como a Macy's.
991 Madison Ave., at 77th (Vera Wang Bridal Salon) – 158 Mercer St. nr. Prince St. (Vera Wang) – www.verawang.com

ACESSÓRIOS E JOIAS

Andrew's Ties. Minha rede preferida de gravatas italianas, com duas lojas em Nova York. As peças são de seda, feitas à mão na Itália, de primeiríssima qualidade e com ótimo preço (US$ 49). Os modelos são inúmeros, e a variedade de estampas e cores é absurda.

O atendimento é gentil, e os vendedores têm toda a paciência do mundo para procurar no estoque se você demorar para achar o modelo e a cor desejados.

30 Rockefeller Plz – www.andrewstiesusa.com

Bally. Empresa criada na Suíça em 1850, tem bolsas e sapatos de alto luxo, além de casacos para ambos os sexos. Seus sapatos são vendidos em quase cem países.

A qualidade é impressionante e impecável, assim como o estilo clássico e a linha um pouco mais extravagante de alguns calçados femininos. Os masculinos podem passar dos US$ 400, com cores difíceis de encontrar em outras lojas, como verde e azul em couro.

Os modelos também são vendidos na Saks Fifth Avenue, sem muita variedade, mas com mais possibilidade de se encontrar uma promoção.

628 Madison Ave., at 59th St. – www.bally.com

Bottega Veneta. A marca italiana de couro é uma das mais sofisticadas do planeta. Se compararmos seus preços aos da Gucci e de outras marcas, veremos que há vantagens em comprar as bolsas da Bottega. Enquanto as demais cobram US$ 2 mil por uma bolsa de material sintético, a Bottega cobra o mesmo preço por seus produtos de couro, quase clássicos. No entanto, há também modelos mais modernos, nas cores verde ou laranja. Seus sapatos de treliça são vendidos a preços similares aos de Christian Louboutin, na média de US$ 1 mil.

Parte do Grupo Gucci, a Bottega tem produtos nas grandes lojas de departamento de luxo, como a Saks e a Bergdorf Goodman.

699 Fifth Ave., nr. 54th St. – 849 Madison Ave. (Women's) – 23 East 67th Street (Men's) – www.bottegaveneta.com

Botticelli. Essa marca italiana de sapatos existe há quase 50 anos e não perde a qualidade. Seu público não é tão jovem, pois mantém um estilo bem clássico e com pouca ousadia. Os sapatos masculinos beiram o comum, com mocassim sem sola nas cores marrom e preta, e sapatos estilo oxford, sempre na faixa dos US$ 400. Para as mulheres, os modelos são clássicos, com saltos não muito altos e todos grossos, sem stilettos, na mesma faixa de preço. Suas botas talvez sejam um achado, por cerca de US$ 800 e com uma excelente durabilidade. Para a mulher que não quer errar, essa é a loja.

620 Fifth Ave., nr. 50th St. (Rockefeller Center) – www.botticellishoes.com

Camper. Os sapatos mais transados da Big Apple são os dessa sensacional loja, cujo slogan ("Walk. Don't run.") nos faz gostar mais ainda da marca. Os modelos são ultracoloridos, com solas de borracha confortáveis e duráveis, e ainda têm dois anos de garantia. Há muitas opções de sapatos de borracha e de couro, além de muitas cores. Os preços não são muito convidativos, pois não há nada abaixo de US$ 100, mas vale muito a pena comprar.

Se puder, leve três pares. Se não, leve ao menos um, pois será uma experiência única para seus pés.
125 Prince St., at Wooster St. – 635 Madison Ave., at 59th St. – 110 Prince St. – www.camper.com

Cartier. Uma das maiores e mais luxuosas lojas de joias do mundo, desde sua fundação, em 1847, já atendia reis e rainhas em toda a Europa. Em 1900, estava na rua mais cara e famosa de Paris, a Rue de la Paix, e foi responsável, em 1902, pelas joias da coroação do rei Eduardo VII.
Em 1908, abria suas portas na Big Apple, já tendo como clientes as famílias americanas mais ricas do mundo, como os Astors, Rockefellers, Vanderbilts e Whitneys. A Cartier, junto com outro relojoeiro famoso, Edmond Jaeger (Jaeger-LeCoultre), apresentou um modelo de relógio de pulso para o inventor do avião, o brasileiro Alberto Santos Dumont, e deu à peça o nome de Santos.
Na loja, você encontra joias e relógios. Já os perfumes são mais baratos nas lojas de departamento. Um dos anéis mais interessantes da marca, e talvez o mais barato, criado para o poeta e amigo Jean Cocteau na década de 1920, é o modelo Trinity, formado por três alianças de ouro em três cores transpassadas – ouro amarelo (fidelidade), ouro branco (amizade) e ouro rosa (amor).
O design da Cartier tem resistido ao tempo, vendendo até hoje modelos como Baignoire e Torture, criados na década de 1920. Um livro interessante para quem quer conhecer as obras-primas feitas por Cartier é o *Cartier Jewelers Extraordinary*.
828 Madison Ave., at 69th St. – 653 Fifth Ave., at 52nd St. – www.cartier.com

SHOPPING

Christian Louboutin. Esse famoso designer de calçados, que sempre foi fanático por dançarinas, se diferencia de muitos de seus concorrentes pela grande ideia de colocar uma sola vermelha e um salto de 12 cm, abrindo uma exceção para a sola azul quando o sapato é feito para noivas.

Nos anos 1990, Louboutin foi responsável por trazer de volta o tipo stiletto de sapato feminino. Por ser um ícone da moda, seus modelos não são nem um pouco baratos. Há botas que ultrapassam US$ 2 mil. O modelo Miss Amelie Pump é vendido a US$ 1,1 mil.

Lógico que todos têm sola vermelha, são feitos na Itália e também podem ser encontrados nas grandes lojas de departamento, como Barneys, Saks Fifth Avenue, Neiman Marcus, Bergdorf Goodman e Nordstrom.

59 Horatio St., at Greenwich St. – 965 Madison Ave., nr. 75th St. – www.christianlouboutin.fr

SHOPPING

Clarks/Bostonian. Especializada em sapatos anatômicos para o conforto dos pés, essa empresa – fundada em 1825, em Sommerset, na Inglaterra – possui uma única loja em Manhattan e vende modelos masculinos e femininos.

Os calçados dessa loja são bem diferentes dos lindos sapatos italianos, já que seu foco não é a beleza, mas o conforto. Dessa forma, há uma preocupação com a largura e o comprimento certos para que eles não apertem os pés ou o arco dos dedos, como a moda nos impõe muitas vezes.

Para crianças de até 8 anos de idade, há uma grande variedade, que segue também os padrões dos modelos masculinos e femininos, prezando a funcionalidade mais do que a estética. A durabilidade é outro fator garantido pela loja. Os preços poucas vezes ultrapassam os US$ 100.

Em janeiro, há uma liquidação de 50% dos produtos.

363 Madison Ave. – www.clarksusa.com

Coach. A marca preferida de minha esposa. Após anos entrando nessa loja, posso dizer que se trata de um luxo bem em conta. A loja possui inúmeros modelos de bolsas, desde lona até couro, acessórios como carteiras, cintos, relógios, óculos, lenços e chaveiros, além de coisinhas para os maridos, como malas, pastas e carteiras. O preço não passa de US$ 400. Há lindas bolsas de excelente qualidade por US$ 150.

Atualmente, foram introduzidos sapatos que custam em média US$ 200 e botas por US$ 400, que não são de salto alto tampouco são 100% de couro. Para comprar as bolsas da Coach, sugiro passar na Macy's primeiro,

SHOPPING

pois muitas vezes os descontos são ótimos. A Coach foi fundada em um loft de Manhattan por dois imigrantes da Polônia, sobreviventes de um campo de concentração. No decorrer dos anos, eles criaram novas maneiras de usar as bolsas de couro, com bolsos do lado de fora, mistura de couro com outros materiais.

Seus produtos são encontrados também nas lojas de departamento Macy's, Nordstrom, Saks e Lord & Taylor, e seu principal concorrente é a Dooney & Bourke, cujas bolsas também são vendidas nas grandes redes.

193 Front St., at Fulton St. – 372-374 Bleecker St., nr. Charles St. – 35 E. 85 St., nr. Madison Ave. – 10 Columbus Cir. (Time Warner Building) – 342 Madison Ave., at 44th St. – 620 Fifth Ave., at 50th St. – 445 West Broadway, at Prince St. – 79 Fifth Ave., nr. 16th St. – 595 Madison Ave., at 57th St. – Woodbury Common Premium Outlets – www.coach.com

Crocs. Conhecido como o sapato do Pateta, depois que nossos filhos começam a usar não há opção melhor! São antiderrapantes, multicoloridos e ilustrados com uma infinidade de personagens da Disney. Os modelos infantis Crocband Sneak Kids são lindos, têm cadarços fixos que não desamarram e são vendidos a US$ 35. O Polar Bear Lined Clog tem um forro que imita lã de carneiro pelo mesmo preço. Os modelos Kids' Baya são ainda mais baratos. Para o público masculino, além do modelo do Pateta, há modelos como o tênis Hover Lace Up por US$ 50 e o Santa Cruz, que é parecido com o modelo Rainha Iate, por US$ 49. Para as mulheres, há modelos tipo sapatilha (de Pateta, é lógico), botas e até salto alto. Os preços não passam de US$ 50, o conforto é nota 10, mas a beleza é nota zero.

Entrar na loja é um problema, pois vive lotada. O atendimento é muito demorado, geralmente a loja está cheia de crianças correndo o tempo todo. De certa forma, é divertido levar os filhos, pois eles acabam fazendo amizade e tornando a visita agradável. Outro problema é que o estoque acaba logo, deixando uma decepção. Mas isso pode ser resolvido se você experimentar um número na loja e comprar pelo site, que oferece inúmeras opções de entrega, inclusive no hotel até no dia seguinte ao da compra.

143 Spring St. – 270 Columbus Ave., nr. 73rd St. – www.crocs.com

DSW. A rede DSW se orgulha de proclamar que tem um dos maiores estoques de sapatos da cidade, com modelos para ambos os sexos e para crianças. Além de possuir a maior variedade, se orgulha também de ter os melhores preços. É provável que isso seja verdade, afinal, são 300 lojas nos Estados Unidos.

Nelas podem ser encontradas marcas de sapatos como Gucci, Donna Karan, Giuseppe Zanotti, Bottega Veneta, Marc by Marc Jacobs e Jimmy Choo. Já as bolsas têm pouca variedade, mas pode haver alguma promoção da Gucci Leather Galaxy, de US$ 3 mil por US$ 1,5 mil, mas não é sempre que as grandes marcas são vendidas com grandes descontos.

40 East 14th Street (Union Square) – www.dsw.com

Foot Locker. Em 1879, Frank Woolworth abriu sua loja Great 5¢ Store. Em 1974, uma de suas subdivisões foi transformada na Foot Locker. Nesse ínterim, o audacioso e visionário empresário construiu um dos maiores arranha-céus de Nova York, o Woolworth, e inovou o método de venda em seus negócios. Como, em geral, os preços dos produtos variavam conforme o freguês, Woolworth passou a colocar os preços estampados claramente para que os clientes os vissem.

Em 1919, ano em que seu fundador morreu, a marca já tinha uma filial no Japão; em 1924, outra loja em Cuba; e, em plena crise da Bolsa, em 1929, possuía mais de 2,2 mil lojas. Hoje em dia, a Foot Locker e a Champs Sports são do mesmo grupo. A Foot Locker ainda tem dezenas de lojas na Big Apple, embora mais de cem lojas de sua rede tenham fechado.

Há inúmeras promoções, em que podemos comprar dois tênis por preço menor ou até levar o segundo por 50% do preço original.

150 E. 42nd St., nr. Lexington Ave. – 58 W. 14th St., nr. Sixth Ave. – 1530 Broadway, nr. 44th St. – 901 Sixth Ave., at 33rd St. – 734 Broadway, nr. Astor Pl. – 159 E. 86th St., nr. Lexington Ave. – 58 W. 14th St. – 120 W. 34th St., nr. Sixth Ave. – footlocker.com

Fossil. Essa loja de relógios e acessórios é transadíssima. Há relógios de inúmeros modelos, desde vintage até os modernos de Philippe Starck, de plástico, de uma forma única na indústria de relógios. A Fossil dá uma garantia de 11 anos para seus relógios, que são muito mais baratos do que os da conhecida Swatch (a partir de US$ 40), sendo que toda compra vem acompanhada de uma caixinha de metal com desenhos exclusivos para você escolher.

Há, em todas as lojas, bolsas de couro e náilon, óculos femininos e masculinos (US$ 39). No outlet, os mesmos óculos são vendidos a US$ 10. Na Macy's, você encontra um estande da marca.

SHOPPING

530 Fifth Ave., at 45th St. – 38 W. 34th St., nr. Broadway – 1585 Broadway – Woodbury Common Premium Outlets – fossil.com

Furla. Marca criada na Bolonha, Itália, por Aldo Furlanetto na década de 1920. Os materiais usados em suas bolsas, carteiras, sapatos femininos e cintos vão do couro de crocodilo ao de bezerro. As cores podem ser extravagantes (vermelhas, amarelas, verdes) ou em tons discretos, como preto e bege. A Furla é uma moda mais descolada e jovem, com preço bem mais acessível do que as grandes grifes, além de ter boa qualidade. Isso faz com que cada vez mais celebridades usem essa marca. Por exemplo, a princesa Letizia e Carla Bruni.
598 Madison Ave., nr. 57th St. – www.furlausa.com

Gucci. Uma das marcas mais luxuosas do mundo, já vestiu Grace Kelly, Peter Sellers e Audrey Hepburn. Algumas de suas peças tornaram-se objeto de desejo, como o mocassim com um bridão, lançado nos anos 1930, que está na moda até hoje. Criou uma coleção chamada Gucci Loves NY, só vendida na cidade, além de bolsas com alça de bambu e da bolsa Jackie O.

A marca passou por inúmeros problemas internos, caiu e se recuperou, tornando-se um símbolo de riqueza e poder, como se pode ler no sensacional livro *Casa Gucci: uma história de glamour, cobiça, loucura e morte,* de Sara Gay Forden. O mais engraçado é que a herdeira da grife, Patrizia Gucci – cujo nome é o mesmo da ex-mulher de Maurizio Gucci, condenada a 29 anos de prisão por encomendar seu assassinato –, escreveu o livro *Solteira: o insuperável fascínio da mulher livre.*

A recuperação da marca deveu-se a um único nome: Tom Ford, seu diretor criativo. Sem ele, talvez a Gucci tivesse sumido entre tantas outras. Atualmente, o dono da empresa é o famoso PPR Group, também dono das marcas Balenciaga e Alexander McQueen, entre outras.

O preço da New Bamboo Medium Bag, um ícone da marca, é de US$ 1,8 mil, enquanto a New Medium Tote custa US$ 875. Ambas as bolsas são feitas na Itália e têm detalhes de couro. Suas camisas, que não têm nada de especial, são vendidas a US$ 300 e as gravatas, cafonas, a US$ 180. Você também encontra os produtos nas grandes lojas de departamentos de luxo, como Bergdorf Goodman e Saks, entre outras.

840 Madison Ave., nr. 70th St. – 725 Fifth Ave., nr. 56th St. (Trump Tower) – www.gucci.com

SHOPPING

Jimmy Choo. Uma das marcas de sapatos femininos mais desejadas do mundo, teve sua aparição no seriado *Sex and City*, com a protagonista da série, Carrie Bradshaw. Tem como consumidoras fiéis a dermatologista brasileira Patrícia Schulmann, Cameron Diaz, Madonna, Sarah Jessica Parker e Catherine Zeta-Jones. Teve também como cliente a princesa Diana, que mandava fazer seus sapatos sob encomenda. Choo é um malasiano que atualmente mora em Londres, mas seus acessórios não saem das cabeças americanas. São sapatos, sandálias, óculos e bolsas, vendidos nas grandes lojas de departamentos. As sandálias de salto alto têm preço médio de US$ 700, mas os modelos mais bonitos geralmente passam de US$ 1 mil. As sapatilhas custam em média US$ 500, já as bolsas, US$ 2 mil.

Para quem prima pela excelência, qualidade e bom gosto de seus sapatos e quer saber sobre a marca, pode comprar o livro *The towering world of Jimmy Choo: a glamorous story of power, profits, and the pursuit of the perfect shoe.*

Tamara Mellon, antiga coeditora da *Vogue* inglesa, é cofundadora da marca e dirigiu a empresa durante 15 anos. Choo não é dono nem do próprio nome, e hoje a empresa vale quase 500 milhões de euros.

As épocas de liquidação são sempre em junho e dezembro.
645 Fifth Ave. at 51st St. – 407 Bleecker St. – 716 Madison Ave., at 63rd St. – www.jimmychoo.com

SHOPPING

Kate Spade. Essa loja de acessórios femininos faz parte da moda nova-iorquina há muito tempo. É um pouco cara, com sapatos acima dos US$ 300 que não convencem, mesmo sendo italianos, pois oscilam entre o clássico e o careta. As bolsas também custam mais de US$ 300, podendo ser feitas de couro ou lona. Os acabamentos são muito bons, mas não são *made in Italy*, apenas importados, muitas vezes, da China. Por esse preço, não vale a pena. Mas há muitos acessórios na loja, como toalhas de banho e bugigangas que merecem ser vistas.
454 Broome St., at Mercer St. – 135 Fifth Ave., at 20th St. – www.katespade.com

Longchamp. Se você for a essa loja, vá à filial da Madison Avenue, que é uma obra-prima, com escadas que têm um tremendo efeito visual. E compre uma bolsa na loja, se puder. Se for homem, compre uma mala – seu estilo robusto é um charme, com peças desenhadas pelo designer Jeremy Scott, o mesmo que lançou uma coleção para a Adidas.

SHOPPING

Ele criou a bolsa "Ceci est un it bag" com esses dizeres impressos na lona – um verdadeiro charme. Além disso, a marca tem coleções desenvolvidas por Kate Moss. Criada em 1948, tem como símbolo um cavaleiro montado em um cavalo – afinal, vendia tabaco e cachimbo, e o público masculino se identificava com essa logomarca.

Apesar de seus preços serem menores que os da concorrência, seus produtos são voltados para o público de alto poder aquisitivo. A bolsa masculina La Postale, por exemplo, é toda feita de couro e custa US$ 785; a mochila Veau Foulonné, também em couro, é vendida a US$ 545. Para as mulheres, considero que a coleção de Kate Moss ficou um pouco careta. O preço de um modelo clássico, sem alça, é de US$ 990; outro modelo da mesma coleção, um pouco mais moderno, com alça e com o interior de zebra – como era o tema da coleção passada – fica pela mesma faixa de preço. As outras linhas de produtos são mais baratas, pena que falte opção para bolsas com alças.
713 Madison Ave., at 63rd St. – 132 Spring St., at Greene St. – www.longchamp.com

Louis Vuitton. É a marca mais desejada do mundo e também a mais falsificada, segundo a própria empresa: 18% das falsificações mundiais são de produtos da grife. Sua história é interessantíssima! Louis Vuitton começou em Paris, em 1854, fabricando malas de couro. Já era famoso, pois antes de 1900 já existiam falsificações, obrigando-o a criar o monograma LV para evitar cópias que imitassem sua padronagem. Os materiais utilizados eram madeira, zinco, cobre e lonas impermeáveis, que se usam até hoje.

Com a Segunda Guerra Mundial, a família Vuitton se dividiu. Parte dela se aliou aos nazistas para garantir que a empresa continuasse funcionando, o que nunca maculou a imagem da marca. Em 1987, o bilionário Bernard Arnault comprou a Louis Vuitton, transformando-a em LVMH, o maior conglomerado de marcas de luxo criado no mundo.

Em 1998, Marc Jacobs foi contratado para criar a coleção de roupas da marca. Desde então, as vendas não pararam de subir, gerando novas contratações, como a de Stephen Sprouse com suas bolsas grafitadas, Julie Verhoeven com suas bolsas patchwork, Takashi Murakami e seus famosos desenhos, Bob Wilson e suas cores fluorescentes. Quanto à lista de clientes, vai de Sharon Stone a Patrícia Schulmann, renomada dermatologista brasileira da nova geração.

Embora já exista uma grande modernização nas confecções de bolsas, a marca pouco mudou em sua forma de fazer bolsas e malas, confeccionando-as de forma artesanal até hoje. No caso de uma mala, sua fabricação pode durar de 15 a 60 horas.

Suas malas mais famosas são a Steamer Bag, criada em 1901 e vendida a US$ 5 mil, e a Keepall Bag, com preços a partir de US$ 1760. As bolsas jeans custam em média US$ 1 mil. De modo geral, as bolsas custam entre US$ 1 mil e US$ 5 mil e não vão durar a vida toda se não forem feitas com materiais nobres, como é o caso de algumas coleções que não são de couro.

Há algum tempo a marca lançou a "Mon monogram", que é a possibilidade de personalizar as bolsas dos modelos Keepall, Pégase e Speedy, criada em 1933, um dos modelos mais conhecidos da marca, aquela que parece uma maletinha de médico. A personalização demorava mais de um mês, mas hoje é possível consegui-la em menos de uma semana. São 17 cores disponíveis para até três iniciais, que aparecem em riscas no meio da bolsa. Os preços dos modelos Speedy e Keepall variam de $ 950 a $ 3000.

Vários livros foram escritos sobre a grife, entre eles *Louis Vuitton: 100 legendary trunks* e *Louis Vuitton: the birth of modern luxury.*

1 E. 57th St. at Fifth Ave. - Louis Vuitton Saks Fifth Avenue - Louis Vuitton Bloomingdale's - Louis Vuitton Macy's - 116 St. Greene, nr. Prince St. - www.louisvuitton.com

Nine West. Loja de sapatos femininos e acessórios de grande sucesso. Os preços são bem acessíveis, começando em US$ 50 e chegando a US$ 200. Há inúmeras bolsas por menos de US$ 80, além de relógios, cintos, carteiras, colares e até bijuterias. Quando a empresa foi fundada, na década de 1970, seus produtos vinham do sul do Brasil. Dessa

forma, essa loja foi uma pioneira na busca do couro dessa região.
341 Madison Ave., at 44th St. – 2 Broadway – 1518 3rd Ave. – 750 Lexington Ave. – www.ninewest.com

Oakley. Essa desejável marca de óculos não vive só da venda dessas peças, há também vestuário, relógios e outros acessórios. A tecnologia avançada utilizada em seus óculos deu o impulso necessário para deslanchar tudo o que leva seu nome. Até Lance Armstrong apareceu em suas propagandas.
Um dos *musts* da empresa são seus modelos com mp3 e o Oakley Rokr (óculos com telefone). Os óculos custam de US$ 100 a US$ 1 mil. Lojas como Cohen's Fashion Optical e Macy's também vendem seus produtos.
113 Prince St., nr. Greene St. – www.oakley.com

Payless ShoeSource. Uma rede de sapatos para crianças e adultos com preços baixos. Há modelos de todos os tamanhos e para todos os gostos, a partir de US$ 8 – nenhum sapato custa mais de US$ 50, exceto botas de cano alto, e ainda há promoção caso você leve dois sapatos. Essa rede de sapataria era enorme, mas o número de suas filiais tem diminuído consideravelmente. Ainda assim, ela fica localizada no centro da cidade. Caso queira vestir os pés das crianças, esse lugar é ideal.
437 5th Ave. – 5320 5th Ave. – 5024 5th Ave. – 600 6th Ave. – 187 Broadway, nr. John St. – 110 W. 34th St. – 3554 Broadway – 459 Fulton St. – www.payless.com

SHOPPING

Prada. A grife Prada foi criada na Itália em 1913. Sempre foi luxuosa, mas nunca teve o brilho que tem hoje em dia, pois isso só aconteceu quando uma das herdeiras do fundador, Miuccia Prada, resolveu assumir a marca. Ela criou algo inusitado: uma bolsa feita de náilon preto ultrarresistente, antes usado por seu avô na cobertura de baús. A ideia deu certo, e cada nova atitude da Prada refletia sucesso e milhões de euros para a empresa.

Das quatro lojas Prada de Nova York, nenhuma é mais interessante e deslumbrante do que a da Broadway. Além de ser a mais espaçosa, possui a maior variedade de acessórios para ambos os sexos, incluindo ternos, camisas, sapatos e carteiras masculinas, bem como sapatos e bolsas femininas.

Os sapatos femininos custam em média US$ 800, as botas que ultrapassam o joelho, US$ 1,8 mil. Os masculinos saem por cerca de US$ 500 – tudo isso em couro feito na Itália. As peles usadas nos calçados são da Nova Zelândia. A bolsa feminina de couro custa em média US$ 2 mil, e as de náilon Jacquard, que deveriam custar menos por serem feitas de um material mais barato, também oscilam nessa faixa.

Também podemos encontrar peças da Prada na Saks Fifth Avenue e na Bergdorf Goodman.

724 Fifth Ave., nr. 56th St. – 841 Madison Ave. at 70th St. – 575 Broadway, nr. Prince St. (liquidação fim de julho e dezembro) – 45 E. 57th St. nr. Madison Ave. – www.prada.com

Tiffany & Co. Tiffany sempre foi Tiffany, mesmo antes de Audrey Hepburn fazer o papel de uma simpática garota de programa chamada Holly, que dizia a frase sensacional "nada de ruim pode acontecer a você na Tiffany", no filme *Bonequinha de luxo* (1961). Entretanto, não podemos negar que a atriz tenha dado um impulso para o sucesso da loja, que nos anos 1940 se mudou para o lindo prédio *art déco*, com sete andares. Esse foi o sétimo endereço da luxuosa loja de joias e de presentes caros de primeiríssima qualidade. Antes, ela foi uma papelaria que, no início do século 20, inovava por não vender a crédito e por seus preços. Foi a Tiffany que criou o padrão 925/1000 de pureza para a prata, que virou lei do governo americano em 1870 e vale até hoje.

Hoje a grife é uma imponente loja que cada vez mais abraça novos clientes. No ano de 2010, por exemplo, desenvolveu uma linha de bolsas de couro. A Tiffany também criou obras-primas, como a lapidação *Lucida*, na qual o brilhante possui um formato retangular com cravação especial, que levou décadas de estudos até ser lançada em 1999. Pode ser encontrada na faixa de US$ 10 mil. Paloma Picasso, filha do famoso pintor, desenha joias para a Tiffany desde os anos 1980 e suas coleções são responsáveis por grande vendagem.

No primeiro andar, há muitos turistas comprando peças mais baratas, como pendentes de prata a partir de US$ 100. No segundo piso, há mais joias e presentes. Subindo os andares, o público vai sumindo e as joias aumentando de preço. No quarto andar, encontramos porcelanas chinesas e vários outros presentes, como cristais.

Para as mulheres, as joias começam com preços não tão

SHOPPING

elevados, como o modelo de anel Etoile em 18k, com diamantes e platina, por US$ 1,8 mil, ou o mais famoso bracelete de prata, com a frase "Return to Tiffany" gravada, por US$ 225. Lá você também encontra bolsas que não são de couro por menos de US$ 1 mil ou a bolsa Laurelton, feita na África do Sul, com couro de crocodilo e fecho de ouro, por US$ 16,5 mil, ou ainda um modelo similar de couro feito na Itália por US$ 1,5 mil. Os relógios masculinos são vendidos a partir de US$ 2 mil no modelo Mark. Meu modelo favorito é o Atlas Dome, que custa US$ 2,7 mil.

A Tiffany tem produtos de US$ 100 até peças de US$ 1 milhão, a depender do bolso de cada um. O mais importante é que é impossível ir para nova York e não fazer uma comprinha nessa loja, pois é a mais charmosa do mundo, e embrulha os presentes naquela caixinha de cor azul-piscina meio esverdeado com lacinho branco.

727 Fifth Ave., at 57th St. – 37 Wall St. – www.tiffany.com

Tod's. A loja é um espetáculo! Vende sapatos, bolsas e cintos da mais alta qualidade italiana. O ícone da marca é o sapato de camurça em várias cores – azul, vermelho, laranja, roxo – com exatamente 133 pinos de borracha no solado. Eles são caros, custam entre US$ 425 e US$ 495. No entanto, representam o máximo em conforto e são ótimos para dirigir, andar em casa ou ir a uma festa. Mas se você usar o sapato no dia a dia, ele acabará em um mês – o que é um verdadeiro pecado. O modelo masculino Monk – um sapato de couro que custa US$ 545 – é muito menos fashion e muito mais durável.

650 Madison Ave., at 60th St. – www.tods.com

SHOPPING

Tory Burch. Desmistificando o pensamento de que socialite não trabalha e só vive em colunas sociais, Tory Burch abriu a loja que leva seu nome, lançando a própria marca em 2004. Logo caiu nas graças de Oprah Winfrey, o que lhe deu um leve empurrão. As roupas têm preços acessíveis e são de bom gosto. Bolsas, sapatos e vestuário feminino com preços que variam de US$ 100 a US$ 500, dependendo da peça.
A história da estilista é muito interessante. Loira e linda, filha de milionário, foi casada duas vezes, também com milionários. Namorou Lance Armstrong em 2007 e hoje vive com três filhos e três enteadas. Além de levar seu bom gosto para a loja, pratica filantropia, ajudando, com sua fundação, pessoas de baixa renda a conseguirem crédito para pequenas empresas. A socialite e empresária apareceu no seriado *Gossip Girl*, interpretando a si mesma, no quarto episódio da terceira temporada.
257 Elizabeth St. – 797 Madison Ave. – Woodbury Common Premium Outlets – toryburch.com

Tourneau. Essa é a melhor escolha para comprar relógios. Fundada em 1900, além de tradicional e respeitada, possui uma boa variedade de marcas, como Rolex, Longines, Tag e outras grandes. Tem também a marca própria da loja, cujos preços são acima do mercado. Não se preocupe com a origem e se estão cobrando mais caro, peça um desconto – na primeira vez que estive em Nova York e fui comprar um Rolex, pechinchei tanto que consegui 15% de desconto, dizendo que iria à loja concorrente. Os vendedores, que estão sempre autorizados a dar descontos, tentam também vender garantias estendidas.
10 Columbus Cir., nr. Eighth Ave. (Time Warner Center) –

SHOPPING

12 E. 57th St., nr. Fifth Ave. – 510 Madison Ave. nr. 52 St. – www.tourneau.com

Tous. Uma joalheria espanhola fundada em 1920 e com quase 400 lojas por todo o mundo só poderia ser luxuosa. Embora tenha peças de US$ 3 mil, o *must* da marca são os ursinhos de prata em vários modelos, vendidos por menos de US$ 100. Há também anéis de vários temas, além de diversos acessórios nessa faixa de preço ou um pouquinho mais caros, como os braceletes. A loja oferece bolsas de couro e de náilon, cujos preços variam conforme o material e os detalhes, e mochilas com estampas bastante interessantes para crianças, na faixa dos US$ 100 – posso dizer que, se você tem filhas, é uma loja superfofa.
109 Greene St., nr. Prince St. – www.tous.com

Swarovski. A marca Swarovski é conhecida em todo o mundo. Criada em 1862, cada vez mais se torna um símbolo de bom gosto e vai adquirindo status de única marca com peças de cristais, já que elas têm um brilho especial por receberem um tratamento químico que lhes confere um reflexo de arco-íris. Em suas lojas, encontramos miniesculturas, colecionadas por pessoas que as expõem como verdadeiras relíquias ou guardam-nas como preciosidades. Há também uma grande variedade de colares, pingentes, brincos e anéis, além de peças exclusivas para o vestuário. Na época de Natal, uma estrela enorme feita pela marca é colocada no topo da árvore de natal do Rockefeller Center.
365 Madison Ave. – 484 Fulton St. – 696 Fifth Ave. – www.swarovski.com

SHOPPING

COSMÉTICOS E FARMÁCIAS

Comprar cosméticos em Nova York é facílimo. Na Macy's, encontramos os mais populares, como Lancôme, Dior e Clinique. Em lojas de departamento mais caras, como a Bergdorf Goodman, encontramos apenas as marcas mais sofisticadas, como Cartier, Bond No. 9, Chanel e Creed.

Aedes de Venustas. Diz a lenda que Sarah Jessica Parker é sempre vista fazendo compras nessa loja. A Aedes de Venustas tem preços elevados, com velas por US$ 68, uma variedade de mais de cinquenta fragrâncias e perfumes produzidos com ingredientes da mais alta qualidade, como o delicioso Bois d'Orange feito pelo perfumista Pierre Bourdon, vendido por US$ 210 (*eau de parfum,* 3.4oz/100 ml). Bertrand Duchaufour, outro perfumista, criou fragrâncias exuberantes para a marca L'Artisan Parfumeur, como Timbuktu e Vanille Absolument.

A loja é lotada de novidades, e os preços são maiores do que os encontrados nas grandes redes de perfumaria, pois começam em mais de US$ 100 e não param de crescer. Os produtos não estão disponíveis nos *free shops,* mas o motivo de comprar nessa loja é o seguinte: se eu posso, por que não?

9 Christopher St., nr Greenwich Ave. – www.aedes.com

Aveda Store. Aveda tem produtos de primeira qualidade, visto que sua proprietária, Estée Lauder, mantém a loja no topo da linha.

O atendimento também é excepcional, com funcionários aptos a responder a quaisquer perguntas sobre seus cosméticos, que incluem sabonetes, hidratantes, xampus e velas.

A Aveda criou a linha Full Spectrum, com produtos quase 100% naturais, além de produzir embalagens 100% recicláveis, grandes diferenciais da marca, que também tem um spa.

10 Columbus (spa) – 140 Fifth Ave. at 19th St. – Grand Central Terminal – www.aveda.com

Bond No. 9. Vende fragrâncias consideradas unissex, de qualidade excepcional e com preços bem salgados. Seus perfumes podem ser comparados a similares encontrados na Sephora e em grandes lojas de departamentos, mas com qualidade superior nas fragrâncias e nos fixadores. Uma pessoa que usa um perfume dessa marca dificilmente encontrará outra que usa o mesmo perfume.

A média de preços dos frascos de 100 ml é de US$ 215 e de US$ 150 para os frascos de 50 ml. Eles têm sempre o mesmo formato de estrela e nomes de lugares de Nova York, como So New York, Andy Warhol Union Square, Eau de Noho, Wall Street e Little Italy.

Imperdível é o Bon-Bon Box, uma caixa com 18 frascos de miniperfumes spray recarregáveis, como So New York, Fire Island, Eau de New York, New Haarlem, Brooklyn, Chinatown, Astor Place, Wall Street, Nuits de Noho, Andy Warhol Silver Factory, entre outros – por US$ 260,00. Há também dezenas de velas interessantíssimas com embalagens fantásticas. Como todos os perfumes são obras de arte, é impossível jogar fora uma embalagem vazia – elas são especiais.

SHOPPING

Os produtos da marca, que também podem ser encontrados na Saks Fifth Avenue, são mais caros porque são feitos com 18-22% de óleos essenciais, o que faz com que os aromas fiquem muito mais tempo no corpo.
9 Bond Street – 399 Bleecker St., at 11th St. – 897 Madison Ave., at 73 St.– www.bondno9.com

Caswell-Massey. Essa empresa existe desde 1752 e começou a produzir colônias somente a partir de 1876, quando o então proprietário John Rose Caswell entrou para a sociedade. Em 2007, no entanto, ela foi vendida.
Os produtos caíram no gosto dos presidentes americanos Eisenhower, Washington e Kennedy, que usava a fragrância Jockey Club, criada em 1874. Um best seller da marca é a Number Six, vendida a US$ 36 – era a preferida de George Washington (ela tem esse nome porque as fragrâncias foram criadas de um a vinte).
Você não pode perder a caixa com quatro sabonetes das melhores fragrâncias (Classic Soap Collection: Jockey Club, Sandal Wood, Wood Grain, Number Six e Newport). Minha sugestão é que você compre essa caixa, pois, após provar os sabonetes, será mais fácil escolher as colônias. Sugiro também o Bath Ice Cream Gift Set, bolas de sabonete que dão uma sensação gelada, com fragrâncias de chocolate, baunilha, morango, coco, maçã, romã, mamão e pêssego. A nata nova-iorquina comprava na Caswell, como os biliardários Astor e Vanderbilts e os famosos Greta Garbo, Edgar Allan Poe e Judy Garland.
Hoje em dia, a Caswell vende seus produtos em lojas de departamentos e pelo seu site.
www.caswellmassey.com

SHOPPING

C. O. Bigelow Pharmacy. Mais do que uma farmácia, um verdadeiro boticário, aberto em 1838 e em pleno vapor até hoje, vendendo produtos próprios e de outras marcas. Os produtos da linha própria são maravilhosos: o C. O. Bigelow Dr. Keightley's Mouthwash Concentrate # 117, que é um enxaguante bucal à base de canela, pimenta, cravo, anis e hortelã (US$ 22,50, 236 ml); o C. O. Bigelow Rose Cream Bar Soap, um sabonete com extrato de rosa que vem em uma caixinha de papelão oval; o C. O. Bigelow Lemon Leaf Eau de Parfum (US$ 34,50, 100 ml), entre outros..

Ao entrar na loja, você se sentirá apertado, pois está sempre lotada. Somam-se a isso a enorme quantidade de produtos e a desorganização. Entretanto, o impulso de comprar será gigante, pois não há como não se encantar com os produtos. Uma vantagem é que, durante a semana, a loja fecha às 21h, o que permite deixar para o final do dia a visita obrigatória a esse charmoso boticário. *414 Sixth Ave. nr. 9th St. – www.bigelowchemists.com*

Creed. Uma das mais geniais perfumarias do mundo, a Creed foi fundada em 1760 com pedigree de realeza, e teve como clientes a rainha Vitória e Churchill. Com fragrâncias exclusivas e de primeira qualidade. Entre os perfumes masculinos, estão o Creed Orange Spice (com notas de bergamota e laranja, a US$ 150 o frasco de 75 ml) e o Creed Zeste Mandarine Pamplemousse (com notas de bergamota, tangerina e grapefruit, a US$ 150 o frasco de 75 ml). Para o público feminino, há o Creed Love In White (que estreou nos Estados Unidos na mesma noite em que o Empire State Building ficou

SHOPPING

com as cores em branco, em 2005), com notas em raspas de laranja, a US$ 240 o frasco de 75 ml. Se não puder comprar um perfume, compre um desodorante stick por US$ 60, um sabonete por US$ 35 ou uma vela por US$ 95, pois a experiência aromática é única. Pense que é o preço de um jantar ou de uma peça teatral, com a vantagem de durar muito mais. Outro argumento meu que pode convencer alguém de bom gosto é: se não pode comprar um Bentley, compre pelo menos um Creed.
A marca também está à venda na Bergdorf Goodman.
794 Madison Ave, at 67th St. – www.creedboutique.com

CVS Pharmacy. Só em Manhattan, existem mais de cem lojas, com tudo o que uma farmácia poderia ter. A variedade dos acessórios não é tão grande como nas concorrentes Duane e Walgreens, mas há muitos cacarecos interessantes. Possui um livreto semanal de descontos.
630 Lexington Ave. – 750 Sixth Ave. – 500 West 42nd St. – 126 Eighth Ave., nr 16th St. – 222 East 34th St. – 253 First Ave. – www.pharmacare.com

Duane Reade. É uma rede de farmácias de Nova York, adquirida em 2010 pela Walgreens. Nela encontramos de tudo, mas poucos remédios, já que a maioria dos produtos é de chocolates, camisas, perfumes baratos, desodorantes, xampus. Muitas lojas fazem revelação fotográfica e vendem acessórios para câmeras. Em todas as farmácias da rede você encontra cartões telefônicos para telefones públicos e celulares. Não se esqueça de pegar o livreto de descontos no caixa.

2522 Broadway, At 94th St. – 1279 3rd Avenue at 74th St. – 155 East 34th St. – 2864 Broadway at 111th St. – 250 West 57th St. at Broadway – 52 East 14th Street at Broadway

Face Stockholm. Essa marca sueca é uma referência em maquiagem. Em sua loja há uma infinidade de maquiadores de qualidade para auxiliar os clientes com técnicas e combinações para seus rostos.
Os destaques da loja são: Face Stockholm, Face Stockholm Eye Fix (removedor de maquiagem) e Face Stockholm Chisel Brush # 6.
10 Columbus Circle (Time Warner Center) – www.shopsatcolumbuscircle.com

Fresh. Para quem conhece, não preciso dizer nada, mas quem não conhece não pode deixar de entrar na loja mais perfumada de todas as do gênero. Há inúmeras velas, maquiagem e deliciosos perfumes, como Sugar Lemon eau de parfum (limão e tangerina, com tons de musgo de carvalho e caramelo, US$ 88, 100ml), além de sabonetes de 250 gramas, como o Patchouli Soap, que faz muita espuma (só a embalagem já é o máximo) e o pós--barba Skin Soother (US$ 38, 50ml).
Seus produtos são feitos à base de açúcar, leite e soja, e a rede pertence ao bilionário grupo LVMH.
1367 Third Ave., at 78th St. – 388 Bleecker St., nr. Perry St. – 872 Broadway, at 18th St. – 57 Spring St., nr. Lafayette St. – www.fresh.com

Jo Malone. A rede de perfumes inglesa Jo Malone pertence a Estée Lauder, dona também da Aveda, Clinique

e MAC Cosmetics – prova mais do que suficiente para não discutir a respeito de sua qualidade. Meus produtos prediletos são as colônias Lime Basil & Mandarin (limão, bergamota e manjericão, US$ 120, 100 ml) e English Pear & Freesia (pera e frésias com notas de âmbar e patchuli, US$ 120, 100 ml) e o hidratante Grapefruit Body Crème (toranja e hortelã, 175ml, US$ 75).
Seus perfumes também são vendidos nas lojas de departamento, como a Bloomingdale's.
946 Madison Ave., nr. 75th St. – 611 Fifth Ave., at 49th St. – 754 Fifth Ave., at 57th St. – 504 Broadway, nr. Broome St. – jomalone.com

Kiehl's. A mais legal, interessante e antiga loja de cosméticos, fundada em 1821, em Nova York. Nela você encontra todos os tipos de produtos para ambos os sexos, para bebês, para crianças e até para cavalos e cachorros. O atendimento é feito por funcionários altamente qualificados, que se vestem com jalecos como os antigos boticários. A loja vende ainda produtos e embalagens com o menor efeito negativo possível à natureza e aos animais, de ingredientes biodegradáveis, além de não realizar testes em animais na fabricação de seus produtos.
A loja da Third Avenue foi a primeira do império e permanece até hoje no mesmo lugar. Na época em que abriu, vendia produtos para saúde e pele, mas mudou seu foco de vendas em 1961 e em 2000, quando já era a queridinha dos endinheirados, dos famosos e de pessoas exigentes e de bom gosto. A empresa foi vendida para a bilionária multinacional L'Oréal, que ampliou seus

SHOPPING

pontos de venda, ficando ainda mais rica e investindo ainda mais em pesquisas, sem perder a antiga filosofia de seus produtos e embalagens não prejudiciais à natureza.

O produto mais vendido é o hidratante labial Lip Balm #1, feito à base de lanolina e germe de trigo. Há opções do mesmo produto com sabor de pera, coco, baunilha, entre outros.

Seria uma temeridade sugerir produtos, já que alguns ficariam de fora, e a lista de prioridades não teria fim. Minha sugestão pessoal é a Blue Astringent Herbal Lotion, que põe fim àquele odioso incômodo após fazer a barba.

Há também uma linha feita cuidadosamente para bebês, que vale a pena conferir. Para as mulheres que têm pele seca, o mais genial hidratante para o corpo é o Creme de Corps. Para os cabelos, recomendo o Amino Acid Shampoo, à base de óleo de coco, delicioso. O Calendula Herbal-Extract Toner Alcohol-Free é ótimo para pele, deixando-a mais suave, e o Abyssine Cream é um creme antirrugas para ser usado antes da maquiagem.

Seus produtos são vendidos também na Bergdorf Goodman, na Space NK e na Saks.

109 Third Ave., nr. 13th St. – 154 Columbus Ave., nr. 67th St. – 841 Lexington Ave. – www.kiehls.com

Le Labo. Há diversas velas e perfumes nessa loja conceito. Além de comprar o que está à mostra, você pode criar seus próprios perfumes. Naturalmente, eles são muito mais caros do que os convencionais, em média US$ 200 por 100 ml. Entre os perfumes tradicionais, considero o Fleur d'Oranger 27 um dos mais interessantes, que pode

ser comprado por US$ 160 (50 ml). Ele recebe o número 27 porque foram usados 27 ingredientes em sua produção. Foi criado pelo perfumista Françoise Caron, que utilizou bergamota, almíscar, limão e flor de laranjeira. Já o Neroli 36 leva baunilha e tangerina. Há também um fabuloso perfume para quem gosta dos Vetivers, o Vetiver 46, criado pelo perfumista Mark Buxton, com 46 ingredientes, entre os quais bergamota, pimenta, cravo, cedro, vetiver, mirra, olíbano, guaiaco, âmbar e baunilha. Alguns especialistas dizem que esse perfume é bem másculo, tido como o Rolls-Royce dos Vetivers. É vendido a US$ 100 (50 ml) ou US$ 200 (100 ml).
233 Elizabeth St., nr. Prince St. – www.lelabofragrances.com

L'Occitane. Nascida na Provence, a loja de cosméticos conseguiu colocar à venda as melhores e mais perfumadas fragrâncias, como as de alecrim, noz-moscada, bálsamo, limão, laranja, manteiga de carité e lavanda e mel. A empresa começou com a fabricação artesanal de óleo de alecrim, vendendo seus produtos de porta em porta e em feiras. Dessa forma, tornou-se uma referência. Seus produtos são feitos sem utilização de testes em animais e de materiais de origem duvidosa, além de todas as embalagens terem o rótulo também com escrita em braile. Essa marca criou a fundação La Fondation d'Entreprise L'Occitane, que apoia deficientes visuais.
Dificilmente encontramos produtos similares aos dessa marca. Sua qualidade é bastante razoável, embora tenha minhas restrições quanto aos fixadores e ao excesso de perfume de seus cremes e sabonetes. De qualquer forma, alguns são excepcionais, como o creme de

SHOPPING

antienvelhecimento Divine Cream (US$ 96) e o Cade After Shave Balm (US$ 29), que deixa a pele perfeita após fazer a barba. Outra sugestão é o Shea Butter Extra Gentle Soap, (US$ 10) e o aromatizador Ruban D'Orange Eau de Toilette, (US$ 46) – embora não dure muito na pele, seu custo-benefício compensa.

Ao ir à unidade do Soho, não deixe de passar em sua loja "irmã", a Oliviers & Co, e no restaurante que fica na parte de cima e serve comida mediterrânea (Café L'Occitane). Ambos estão localizados na rua da Apple.

170 5th Ave. – 146 Spring St. – 247 Bleecker St. – 5 Grand Central Terminal – 1046 Madison Ave. (80th St.) – 1126 Third Ave. – 198 Columbus Ave. (69th St.) – 2159 Broadway – www.usa.loccitane.com

Lush. Com lojas no mundo todo, da Hungria aos Emirados Árabes, a Lush tem centenas de sabonetes de todos os tipos e fragrâncias, vendidos a peso ou em unidades. As bolas de sabonete podem ser de baunilha maçã, rosa, canela e amora – todas vendidas por menos de US$ 5. Podemos ainda encontrar xampus e condicionadores por menos de US$ 10, sólidos e bem diferentes de tudo o que você já experimentou no Brasil. Outra opção são produtos como Karma Banheira Melt, um sabonete em forma de pirâmide com fragrância de patchouli, capim-limão e óleo de laranja que deixa um glitter dourado na pele – uma delícia para quem usa e para quem está ao lado.

Grande parte dos produtos é natural, mas recomendo ler os rótulos porque, como são produtos de banho, de cabelo e para a pele, os que não são naturais podem

SHOPPING

causar uma irritação alérgica nas peles mais sensíveis, embora nunca tenha ouvido falar de um caso como esse. O atendimento é maravilhoso, e os funcionários, além de preparados a respeito dos produtos, deixam você à vontade para testá-los. Um luxo só disponível em Nova York.
783 Lexington Ave. – 7 East 14th St. (Union Square) – 2165 Broadway, nr. 76th St. –www.lush.com

Mac Cosmetics. A história dessa marca é interessantíssima. Fundada por um maquiador e um fotógrafo, a MAC Cosmetics produzia produtos apenas para profissionais, mas a demanda foi tão grande e o público aumentou a tal ponto que, em 1994, Estée Lauder se tornou a principal controladora da marca. Seus produtos incluem gloss, batom, xampu, condicionador, máscara, creme antienvelhecimento e todo tipo de cosméticos.
175 Fifth Ave. (Flatiron Building) – 107 East 42nd St. (Grand Central Terminal) – 151 W. 34th St., nr. Broadway (Macy's) – 611 Fifth Ave., nr. 49th St. (Saks) – 1 E. 22 St., nr. Broadway (Flatiron) – 689 Fifth Ave. – 353 Bleecker St. – 1540 Broadway – 1000 Third Ave., at 60th St. (Bloomingdale's) – 202 W. 125 St., nr. Seventh Avenue – www.maccosmetics.com

New London Pharmacy. Mais do que uma farmácia, é uma estante de novidades e exclusividades que vende marcas como Becca, Organic Glam e Pepperface. Lá você também encontra loções para pele, perfumes e sabonetes, com destaque para a linha Acqua di Parma. Para os bebês, há o óleo de damasco da Burt's Bees (Baby Bee Nourishing Baby Oil, US$ 9, 118 ml). Para os homens, recomendo a experiência de usar um

desodorante com embalagem de alumínio, o Burt's Bees Herbal Deodorant, composto de sálvia, limão e lavanda (US$ 8). Se não gostar de nada, experimente o Batiste Dry Shampoo (US$ 15) e a máscara para cílios The Ultimate Mascara, da Becca (US$ 24).
Uma gentileza da loja é o desconto de 10% em cada compra para senhores e senhoras.
246 Eighth Ave., nr. 22nd St. – www.newlondonpharmacy.com

Ricky's. Uma tremenda drogaria que não vende remédio. Você encontra de tudo nessa rede: produtos orgânicos, sabonetes diversos, apliques para cabelo, acessórios, dezenas de opções de xampus e hidratantes, diversas marcas de cosméticos, além de gloss e batons de todas as cores e marcas e muitos produtos para profissionais que trabalham em salão de beleza, que ganham até descontos especiais. Tudo com preços bem baixos.
Gosto das perucas, ideais para você comprar para brincar com a namorada ou o namorado. Há de todos os tipos – morenas, louras, estilo chanel, até coloridas – e os preços são inferiores a US$ 50. Você também encontra uma fantástica variedade de fantasias para Halloween, festas ou brincadeiras em casa.
332 W. 57th St., nr. 8th Ave. – 1412 Broadway, nr. 39th St. – 728 Ninth Ave., nr. 49th St. – 44 W. 8th St., at Greene St. – 111 Third Ave. – 590 Broadway, nr. Houston St. – 112 W. 72nd St., nr. Columbus Ave. – 1380 Third Ave., nr. 79th St. – 7 E. 14th St., nr. University Pl. – 267 W. 23rd St., nr. Eighth Ave. – 1189 First Ave., nr. 64th St. – 466 Sixth Ave., nr. 11th St. – 383 Fifth Ave., nr. 36th St. – www.rickysnyc.com

SHOPPING

Sabon. Uma interessante loja de produtos para pele, como sabonetes pastosos e sólidos, feitos com ingredientes como limão, coco, baunilha, patchuli, entre outras opções. Seu forte são os blocos de sabão vendidos por peso. Há também muitas velas com aromas diversos, como kiwi e manga.

O atendimento é perfeito, realizado por funcionários bem qualificados que respondem a todas as perguntas com muita paciência, fazendo-nos experimentar várias opções e oferecendo amostras de vários produtos – impossível sair de mãos vazias.

Uma sugestão é provar o sabonete Olive Oil Soap Mud, feito com lama do Mar Morto. Para esfoliação, prove Patchouli Lavender Vanilla Body Scrub, além de Carrot Body Lotion, Lavender Rose Hand Cream, Patchouli Lavender Vanilla Body Oil, Face Polisher e os óleos de banho.

Há uma discussão entre os ativistas de que as terras utilizadas na extração de produtos dessa marca (todos os sabonetes e outros produtos são feitos com lama do Mar Morto) pertencem às terras palestinas demarcadas pela ONU em 1967.

434 Sixth Ave., nr. 10th St. – 1371 Sixth Ave. – 2052 Broadway, nr. 70th St. – 123 Prince St. – www.sabonnyc.com

Sephora. A loja de cosméticos mais completa do mundo tem centenas de perfumes espalhados por suas prateleiras, organizados por sexo e ordem alfabética, além de maquiagens diversas, cremes, xampus, óleos, acessórios, pequenos presentes, entre muitas outras novidades, que incluem lançamentos exclusivos.

SHOPPING

Embora sempre haja vendedores para atender, o método de compras é *self-service* – mecanismo pioneiro da Sephora que revolucionou os meios de compra desse tipo de mercadoria.

A empresa pertence ao grupo LVMH, que possui um sistema agressivo de vendas. Eles utilizam um sistema de controle de entrada e saída de clientes e, se o fluxo de caixa não for compatível com o esperado, os clientes são abordados por vendedores, que mostram novos produtos, novas promoções e são ainda mais solícitos, a fim de que os clientes consumam mais.

Se seu tempo na cidade for curto, deixe a Sephora da Times Square para depois, pois ela funciona até meia-noite e, além do mais, é a mais completa de todas.

555 Broadway, nr. Spring St. – 119 Fifth Ave., at 19th St. – 130 W. 34th St., nr. Broadway – 2164 Broadway, nr. 76th St. – 1500 Broadway, nr. 43rd St. – 597 Fifth Ave., nr. 48th St. – 10 Columbus Cir., nr. 60th St. – 150 Broadway, at Liberty St. – www.sephora.com

SHOPPING

The Art of Shaving. Além de se barbear e poder cortar o cabelo – não em todas as lojas –, você pode comprar vários produtos. Os preços são um pouco salgados, mas a loja é bastante interessante e bem cuidada. Foi feita para atender os homens que curtem a arte de barbearia, mas é também um excelente lugar para comprar presentes para seu pai ou avô, pois os produtos são de boa qualidade, especialmente feitos para o público masculino: After-Shave Balm, feito com extrato de semente de uva e manteiga de karité (US$ 40); Pre-Shave Oil, perfeito para quem tem pelos encravados (US$ 25); Horn Comb, um pente enorme de chifre feito artesanalmente em 16 etapas para os que adoram preciosidades (US$ 75); xampu de alecrim e óleo essencial de hortelã (US$ 20), entre outras opções. O estabelecimento nos enche de emoção com seus produtos totalmente diferentes.
1000 Third Ave. (Bloomingdale's) – 141 E. 62nd St., nr. Lexington Ave. – 373 Madison Ave., at 46th St. – 107 E. 42nd St., nr. Lexington Ave. – www.theartofshaving.com

The Body Shop. A rede Body Shop tem produtos muito interessantes, alguns à base de banana, milho, castanha-do-pará, cupuaçu, açaí, coco e limão. Suas embalagens são o menos prejudicial possível à natureza quando não podem ser recicladas. Entre seus produtos, encontramos sabonetes, xampus, cremes, batons, esfoliantes e maquiagem, levando-nos a um mundo de cores e aromas. A marca, com 2,5 mil lojas pelo mundo, pertence à L'Oréal e só perde em número de franquias para O Boticário, a empresa brasileira que vende quase os mesmos tipos de cosméticos.

SHOPPING

Os produtos vêm do México, do Brasil e de países do Terceiro Mundo em geral. São de boa qualidade e feitos com muita criatividade, como o brasileiro For Men Maca Root Face Wash e o óleo de castanha peruano, um produto energizante à base de creatina. Há também o Banana Shampoo, cujo principal ingrediente é produzido no Equador e a embalagem é reciclável. Para os bebês, há o Buriti Baby Body Lotion, também do Brasil, feito com o óleo extraído de uma palmeira encontrada na Amazônia (esse ingrediente também existe na linha nacional da Natura).

747 Broadway, nr. 8th St. – LaGuardia Airport Central Terminal – 1145-1155 Madison Ave., nr. 85th St. – 2159 Broadway, at 76th St. – 1270 Sixth Ave., at 51st St. – 714 Lexington Ave., nr. 58th St. – 1 E. 125th St., at Fifth Ave. – 16 Fulton St., nr. Front St. – 420 Lexington Ave., at 44th St. – 154 Spring St., nr. West Broadway – www.thebodyshop.com

Walgreens. Líder no mercado de drogarias, a primeira Walgreens foi fundada em 1901. Hoje em dia, existem mais de 8 mil lojas, com mais de 30 mil produtos catalogados e vendidos em sua rede. As farmácias oferecem produtos para higiene pessoal, roupas, serviços de revelação de fotos e muitas opções de lanche, funcionando até como pit-stop noturno.

33 E 23rd Street – 145 Fourth Ave. (Union Square) – 350 Fifth Ave. – 20 Astor Pl. – 1471 Broadway – 1328 2nd Ave. – 721 9th Ave. – www.walgreens.com

Zitomer. Farmácia interessantíssima, cheia de brinquedinhos, bugigangas e acessórios. Você pode encontrar bolsinhas, canetas e muito suvenir, além de xampus incríveis, condicionadores, uma infinidade de sabonetes, vitaminas, suplementos, joias, perfumes, velas e presentes para os amigos.
969 Madison Ave., nr 76th St. – www.zitomer.com

Z Chemists. Dos mesmos proprietários da Zitomer, essa farmácia é ainda mais badalada e de alto nível, pois vende produtos de linhas próprias e de marcas francesas conceituadas. O que se destaca é a linha de cosméticos do famoso cabeleireiro Fekkai, com produtos como o Essential Shea Shampoo (US$ 23). Há também colônias masculinas de marcas que você não encontra em outros lugares e uma linha interessantíssima de cosméticos para bebês, além de velas com fragrâncias de cair o queixo.
40 W. 57th St., nr. Fifth Ave. – www.zchemists.com

SHOPPING

ESPORTES

Adidas Original Store. Essa loja é uma delícia de entrar! Suas peças não existem em nenhuma outra loja da Adidas, como as roupas estilo anos 60, 70 e 80. Os tênis de passeio são supercoloridos, como os de antigamente, e as peças de Def Jam e Star Wars, entre outras, nos trazem o frescor nostálgico do tempo de criança. A melhor surpresa é poder personalizar seu próprio tênis, pelo site www.miadidas.com.
136 Wooster St., nr. Prince St. – www.thestore.adidas.com

Modell's. Essa incrível loja de esportes existe desde 1889. O melhor de tudo é que ela continua com a mesma família, motivo pelo qual seus vendedores amam trabalhar nesse lugar aconchegante, que tem 140 filiais.
Os preços são bons e a variedade é enorme. Sempre há folders com descontos e promoções. Se não encontrar nenhum, peça.
234 W. 42nd St., at Seventh Ave. – 51 E. 42nd St., at Vanderbilt Ave. – 150 Broadway, nr. Liberty St. – 607 Sixth Ave. – www.modells.com

Nike Sportswear. A loja mais interessante de todas é a Nike. Lá você personaliza seus tênis, que podem chegar a US$ 1 mil, pois as opções de cores e materiais são inúmeras – pode-se até optar por couro italiano.
No final de 2010, algumas pessoas encontraram as portas da Nike fechadas por causa de uma infestação de percevejos. Elegantemente, a marca colocou um cartaz e um funcionário na entrada para dar mais

explicações ao público, que foi encaminhado para a megaloja na 57th Street.
21 Mercer St., nr. Grand St. – Woodbury Common Premium Outlets – www.nikesportswear.com

Niketown e Nikeid Studio. Essa gigante loja da Nike tem cinco andares para atender a todas as exigências de quem gosta da marca, crianças ou adultos, seja para praticar esportes ou para vestir uma moda casual. O quinto andar tem um clima mais sofisticado e mais caro, mas não menos lotado de turistas. No entanto, o melhor dessa Nike são os tênis customizados, que você pode fazer na hora ou levar seus modelos usados para reciclar.
6 E. 57th St., nr. Fifth Ave. – www.niketown.com

Puma. De certa forma, as histórias da Puma e da Adidas se confundem, já que são as marcas de dois irmãos de família pobre que se tornaram rivais – Rudolf e Adolf Dassler. Em 1924, eles montaram uma empresa juntos, a Dassler, mas, em 1948, Rudolf fundou a Puma, e seu irmão, a Adidas, por conta de divergências políticas e empresariais. Em 1936, quando ainda tinham a empresa juntos, a Dassler ficou famosa graças ao genial atleta negro Jesse Owens, que ganhou quatro medalhas de maneira fantástica nos jogos olímpicos de Berlim, humilhando Hitler em pleno estádio – motivo pelo qual o Führer se retirou no meio da competição.

A ruptura dos irmãos aconteceu logo após a eclosão da Segunda Guerra Mundial, por diversos motivos, entre eles o fato de o futuro dono da Puma, Rudolf, apoiar o regime nazista da Alemanha.

SHOPPING

Na loja da Union Square, você encontra uma variedade maior de tênis casuais, muito mais do que opções de tênis esportivos, além de inúmeros acessórios. Na loja do Soho, sempre cheia e mais apertada, há um equilíbrio entre ambos. Outra sugestão é ir à Foot Locker da Times Square e ver os lançamentos, que sempre ficam em destaque.
521 Broadway, nr. Spring St. - Woodbury Common Premium Outlets - www.puma.com

Sports Authority. Essa loja de esportes tem muitos descontos e muita mercadoria bacana. É bom, inclusive, levar os filhos, pois há patinetes, patins, Snow Boogie, e até produtos da marca North Face muito mais baratos que na própria loja da rede.
Suas prateleiras são lotadas de materiais dos Mets, Giants e Yankees, além de outras equipes. É um barato se perder no meio de tanta informação.
Antes de viajar, entre no site da loja, procure o anúncio da semana, ponha o CEP do hotel em que vai ficar hospedado e folheie as páginas dos folders de desconto. É impossível não achar algo que lhe interesse.
845 Third Ave., nr. 51st St. - www.sportsauthority.com

The North Face. Para quem gosta de esquiar e caminhar pelas montanhas, essa loja é ideal. O atendimento é fraquinho - parece que odeiam turistas. A variedade não é muito grande, mas nas duas lojas você encontra produtos diferentes. Se for mesmo comprar algo dessa marca, confira os três endereços.
139 Wooster St., at Prince St. - 2101 Broadway, at 73rd St. - Woodbury C. Premium Outlets - www.thenorthface.com

Y-3. Uma filha rica da Adidas. Suas roupas são mais caras, mais legais e mais interessantes, com a utilização de materiais como bambu.
92 Greene St.

CRIANÇAS

Existem muitas opções de lojas para comprar brinquedos, para todos os gostos e bolsos. Em algumas lojas, as crianças também podem apreciá-los e brincar com eles sem que você gaste um tostão por isso.

Abracadabra. A loja tem milhares de fantasias, máscaras, produções, enfeites, chapéus, maquiagens – tudo para uma festa à fantasia, para o nosso carnaval e para o Halloween. Você também encontra marionetes, fantoches e diversas perucas. Impossível não gostar dessa loja. Tanto as crianças quanto os adultos amam, e vocês certamente vão querer comprar fantasias de Halloween e muitos brinquedos, além de adorar ver os bonecos de zumbis e criaturas assustadoras.
19 W. 21st St., nr Fifth Ave. – www.abracadabrasuperstore.com

American Girl Place. A mais genial loja de bonecas do mundo: não existe igual em tamanho, qualidade, novidades e criatividade. A dona da marca é a Mattel, proprietária da Barbie. Dentro da enorme loja, encontramos, além das bonecas, roupas para boneca e para a menina que irá brincar (esportivas, sociais e até mais lúdicas), um salão de beleza, um café, uma livraria e um hospital de bonecas, sempre com dois lugares, um para as meninas e outro para suas respectivas bonecas. Milhares de livros de histórias também são comprados lá anualmente (já foram computados pela empresa 120 milhões de livros vendidos, a mesma quantia de acessos ao seu site).
Há várias coleções para adquirir. A mais interessante é a Just Like You, em que a boneca se parece com a

SHOPPING

dona – há bonecas loiras, morenas, ruivas, judias, negras e deficientes físicas. As peças da American Girl Collection contam a história da cultura americana, de 1760 em diante, e conta inclusive com a Julie Albright, uma hippie da década de 1970 que tem pais separados. Já as bonecas da Girl of the Year tem produção limitada. Os preços começam em US$ 100. Junto com o brinquedo, vem um DVD ou um livro contando sua história. Entretanto, dependendo dos acessórios e das roupas, os preços chegam a triplicar, mas asseguro que, caso vá com sua filha, é o melhor investimento da viagem, pois ela participará da aventura de ver centenas de meninas fazendo compras, se divertindo e rindo o tempo inteiro. É um passeio legal até para quem vai sem as filhas.
609 Fifth Ave., at 49th St. – www.americangirl.com

Babies "R" Us. A loja perfeita para comprar o enxoval do seu filho ou presentes e utilidades até seu terceiro ano de vida. Há centenas de artigos, como roupas, brinquedos, carrinhos, fraldas, remédios e muito mais. Até quem não tem mais uma criança em casa, ao entrar na loja, morre de nostalgia tamanha a diversidade dos produtos oferecidos. A loja pertence ao grupo da Toys "R" Us.
24-30 Union Square East – www.babiesrus.com

Build-a-Bear. A loja mais copiada em todo o mundo, inclusive no Brasil. Você escolhe seu bicho de pelúcia (mais de 30 opções, entre jacarés, gatos, ursos, Pé Grande e muitos outros), seleciona um tipo de enchimento, põe o coração com sua música predileta (inclusive *New York, New York*), depois elege as roupinhas (que também tem

SHOPPING

grande variedade) e pronto. É só pegar a "certidão de nascimento" de seu bichinho. A brincadeira começa em US$ 20 só pela pelúcia, e os acessórios vão aumentando o preço. Você pode chegar a gastar em torno de US$ 100, mas que serão muito bem aproveitados por seus filhos, pois a experiência e o encantamento são inesquecíveis.
Depois de comprar seu ursinho, cavalinho ou outro bicho feito na hora, sente-se no Eat With Your Bear Hands Cafe e coma batatas fritas, nuggets de frango e pizza, com direito a cadeira especial para o bichinho de pelúcia.
Uma novidade é que existe um código de barras informando o endereço do bichinho. Caso alguém o encontre, basta ir a uma das lojas do Build-a-Bear e a empresa localiza a criança que perdeu seu bichinho.
565 Fifth Ave. at 46th St. – www.buildabear.com

Buy Buy Baby. Uma enorme cadeia de lojas que pertence ao grupo de outra gigante, a Bed, Bath & Beyond. Na Buy Buy Baby há de tudo para bebês, sem a lotação da Babies "R" Us. Lá você encontra móveis, carrinhos de bebê, roupas e muitos brinquedos. São dois andares para os que vão ter filhos, que acabam encontrando uma distração a mais com a gama de opções.
270 Seventh Ave., at 26th St. (Between 25th and 26th) – www.buybuybaby.com

Disney Store. Antes a loja ficava na Quinta Avenida, agora se mudou para a Times Square, mas não perdeu a magia em tamanho e variedade de produtos – vive lotada de turistas comprando e tirando fotos. Logo na frente da loja, nos deparamos com duas enormes escadas rolantes e,

SHOPPING

ao subi-las, encontramos muitas atrações para as meninas, pois há um castelo e muita variedade no tema princesas.

Voltada ao público infantil, é impossível o adulto não enlouquecer e querer ir para a Disney, em Orlando. Os preços começam em US$ 5 e não passam dos US$ 100. Ainda que você não compre nada, a visita já vale o passeio. Eventualmente cruzamos com algum personagem de desenho animado, que logo é cercado por crianças de todas as nacionalidades.

1540 Broadway, Times Square – www.disneystore.com

FAO Schwarz. Inaugurada em 1862, é a primeira loja de brinquedos e a mais famosa do mundo. Ficou conhecida pelo filme *Quero ser grande* (1988), com Tom Hanks. No filme, o ator, que na época era novinho, dança em cima de um enorme piano de chão. Você ainda pode ver o famoso piano na loja e comprá-lo por quase US$ 200 mil. Hoje, a FAO Schwarz pertence à sua antiga concorrente, a Toys "R" Us. Nela são vendidos todos os tipos de brinquedos de todos os preços, além de ter uma sorveteria

SHOPPING

que também serve sanduíches. Há várias lojas dentro da FAO Schwarz, como a Barbie Boutique e a Middleton Dolly, em que a criança adota sua boneca como se fosse uma filhinha e recebe até a certidão de nascimento. Há vários tons de pele, cor de olhos, de cabelos e tamanhos. Lá você também encontra a Madame Alexander Doll Factory (fundada em 1923 por Beatrice Behrman) e um espaço para os meninos montarem seus próprios carrinhos. A FAO Baby vende artigos para bebês, brinquedos e roupinhas. Além da linha de brinquedos da própria loja e eletrônicos, há sempre seções de brinquedos únicos, alguns vindos da China e feitos de lata, como o FAO Schwarz Wind-Up Tin Train (US$ 12).
767 Fifth Ave., at 58th St. – www.fao.com

SHOPPING

Lego Store. A flagship (loja conceito) da Lego tem dezenas de temas, como Star Wars e outras novidades em primeira mão. Pode-se também optar pelos cubos multicoloridos vendidos em caixas, que ficam expostos iguais aos M&M's de lojas de chocolates.
620 Fifth Ave., Rockefeller Center – www.lego.com

Nintendo World. Uma grande variedade de joguinhos distribuídos em dois andares (há elevador interno). A loja vende mochilas, bonecos, camisas e bonés e geralmente não está muito cheia, já que fica perto da Best Buy, que também vende jogos. Para quem quer camisas e acessórios de vestuário, não faltam opções do Super Mario. Os preços das roupas são um pouco salgados, afinal, ter uma loja no Rockefeller Center não é barato, além de ser um lugar para turistas.
10 Rockefeller Plaza – www.nintendoworldstore.com

SHOPPING

Red Caboose. A loja foi feita mais para os pais do que para os filhos, pois há trenzinhos (novos e usados) para quem tem como hobby colecioná-los e brincar com eles, além de modelos de tanques, aviões e muitos acessórios. É muito fácil passar pela porta da loja, que fica no subsolo, e não se dar conta das maravilhas que há lá dentro. Por isso, sugiro olhar com cuidado para não passar direto. *23 W. 45th St., basement, nr. Fifth Ave. – www.theredcaboose.com*

Sanrio. É a loja da Hello Kitty. É impossível, para quem tem uma filha, ir a Nova York e não passar por essa loja, que vende diversos presentinhos, canetinhas e produtos temáticos. No entanto, tome cuidado, pois a loja é uma tremenda armadilha para turistas, já que vende alguns produtos sem licença, como os do Snoopy. Alguns produtos são de melhor qualidade, *made in Japan*, mas muitos são ruins, feitos na China. Então, fique esperto! *233 W. 42nd St, nr Eighth Ave – www.sanrio.com*

Toys "R" Us. A mais espetacular loja de brinquedos de todo o mundo, não só pelos brinquedos como pela roda-gigante em seu interior e pelo enorme dinossauro que se mexe e ruge o tempo todo. Além disso, há uma seção completa de jogos eletrônicos, Barbies, roupas, bichos de pelúcia, brinquedos para bebês e crianças de todas as idades, bicicletas e lançamentos permanentes. Com 1,5 mil lojas pelo mundo, a empresa detém 30% do mercado mundial de vendas de brinquedos. Sugiro fazer um cadastro pela internet ou na própria loja para obter bons descontos. *1514 Broadway, nr. 44th St. (Times Square) – www.toysrus.com*

BICHINHOS DE ESTIMAÇÃO

Canine Styles. Aqui você encontra tudo para o cãozinho – meias, agasalhos de diversas estampas, centenas de modelos de caminhas, brinquedos, bolsas para transportá-los, xampus e até biscoitos.
1195 Lexington Ave., nr. 81st St. – 59 Greenwich Ave., nr. Perry St. – 830 Lexington Ave., nr. 64th St – www.caninestyles.com

Petco. Uma pequena rede com quatro lojas na cidade. Todas elas são muito bem equipadas com tudo o que você pode querer para seu bichano, além de venderem pequenos animais, inclusive cobras.
Se for visitar a loja, entre no site antes e veja as possibilidades de desconto.
2475 Broadway, at 92nd St. –860 Broadway, nr. 17th St. – 805 Columbus Ave. – 1280 Lexington Ave. – www.petco.com

SHOPPING

CASA, DÉCOR E CULINÁRIA
Dica

Algumas lojas se encontram no Woodbury Common Premium Outlets, como a Crate and Barrel e a Ralph Lauren Home.

ABC Carpet & Home. Uma grande rede de decoração, com dezenas de opções de móveis, acessórios para casa, tapetes, presentes, artigos infantis, luminárias, artigos de cama e banho, lençóis de várias cores e estampas, muitas opções em talheres, canecas e copos. A compra também pode ser feita pelo site, que tem mais produtos que a loja física.
888 e 881 Broadway, at 19th St. – www.abchome.com

Bed Bath & Beyond. Dezenas de opções de toalhas e acessórios para banheiro, cozinha e quarto, com muita roupa de cama e inúmeros cacarecos. Para quem gosta de comprar produtos chineses, há eletrodomésticos, acessórios para casa e para o dia a dia e móveis para escritório baratíssimos. A Bed Bath & Beyound é a maior de todas as lojas de produtos para casa e a mais interessante.
Foi criada em 1971, em Nova York, por Warren Eisenberg e Leonard Feinstein e, em 2010, já possuía mais de mil lojas, todas mantendo o foco de produtos para casa e a filosofia de entregar qualquer produto na casa do cliente, mesmo que não esteja na loja. Além isso, ela foi reformada e ganhou muitos caixas para evitar a formação de grandes filas de espera – procedimento adotado por várias empresas hoje.

Há maravilhosas liquidações logo após a volta às aulas do calendário americano.
620 Sixth Ave., at 18th St. – 1932 Broadway, at 65th St. – 410 E. 61st St. at First Ave. – www.bedbathandbeyond.com

Container Store. Uma loja maneiríssima, sem igual no Brasil ou mesmo em Nova York. Há acessórios para organizadores, milhares de opções de caixas de todos os tipos e tamanhos e acessórios para bebês e crianças, dezenas de cabides com cores e tamanhos diferentes. Enfim, uma loja completa para modernizar seu armário. Há liquidação nas quatro estações do ano.
725 Lexington Avenue., nr. 58 St. – 629 Sixth Ave., nr. 19th St. – www.containerstore.com

Crate and Barrel. Minha loja predileta de materiais para casa, como copos, talheres, toalhas, abajures. De todas as lojas citadas neste guia, se eu pudesse ir a apenas uma, seria esta. Há muitos copos interessantes e porta-retratos divinos, mas o que mais gosto são os telefones modernos por dentro, mas que, por fora, imitam os antigos. Podem ser vermelhos ou cromados. É uma verdadeira festa de opções.
A Crate também possui lindos sofás e mesas, mas fica difícil para um turista comum trazer esse tipo de produto para o Brasil.
650 Madison Ave., at 59th St. – 611 Broadway, at Houston St – www.crateandbarrel.com

Home Depot. Uma gigante de materiais de construção e com centenas de eletrodomésticos. É a loja ideal para

todo tipo de reforma em sua casa ou escritório. Hoje a empresa está entre as cinco maiores redes varejistas dos Estados Unidos, com mais de 2 mil lojas e mais de 100 milhões de visitantes mensalmente. Você sempre será atendido por funcionários com avental laranja.
Muitos cacarecos fazem a cabeça dos consumidores e levam vários turistas a entrarem na loja.
40 W. 23rd St., nr. Sixth Ave. – 980 Third Ave., nr. 59th St. – www.homedepot.com

Pottery Barn. Mais uma com excelentes opções de talheres, pratos e outros materiais para a cozinha, porta-retratos e quadros para montar seus retratos, um mais bonito que o outro. Os preços são bastante acessíveis.
Um item que adoro na loja são os robes, em que você pode mandar fazer um monograma por US$ 6,50. Há também lindos porta-joias, que fazem parte dos itens de "até US$ 100", só para presentes. Esses produtos são as pérolas da Pottery Barn – só passear pela loja olhando os presentes nos faz imediatamente abrir a carteira e não sentir o tempo passar, enquanto os dólares se vão.
Descontos no Dia do Trabalho, no dia 4 de Julho, depois do dia de Ação de Graças e do Natal.
1965 Broadway, at 67th St. – 117 E. 59th St., nr. Lexington Ave. – Woodbury Common Premium Outlets – www.potterybarn.com

Sur La Table. Uma loja de utensílios domésticos de alta qualidade e suficientemente capaz de matar todos os nossos desejos culinários. Vende centenas de eletrodomésticos, escovinhas para limpeza de verduras,

facas, panelas. Um dia desses, comprei dez espátulas de madeira (US$ 1,50 cada) para fazer panquecas, que não são vendidas em lugar algum no Brasil. O que as lojas metidas a grã-finas vendem a peso de ouro ou nem possuem essa loja tem em grandes quantidades e a preço de banana. Se você gosta de cozinhar, passe por lá. Será tão prazeroso que você certamente não sentirá o tempo passar.
1320 3rd Ave. – 306 West 57th – 75 Spring St., at Crosby St. – www.surlatable.com

Williams-Sonoma. A loja mais transada para quem ama cozinha. Nela você encontra panelas, centenas de acessórios, eletrodomésticos como cafeteiras, mixers, sorveteiras, pipoqueiras, cortadores de frutas, decantadores, panquequeiras e a minha compra preferida, a Nordic Ware Waffled Pancake Pan (US$ 39). As panelas são de aço fundido, de alumínio, de cerâmica e todo tipo de materiais. Com os excelentes preços, não é difícil sair com a sacola cheia de compras.
1175 Madison Ave. – 110 Seventh Avenue. – 121 E. 59th St.

Williams-Sonoma Home. Nessa filial, há móveis e utensílios domésticos, além de cursos de culinária, ideal para quem tem muito tempo na Big City.
10 Columbus Circle – www.williamssonoma.com

ELETRÔNICOS E FOTOGRAFIA

Eram diversas as lojas de eletrônicos pela cidade, um verdadeiro paraíso, comparável apenas a Miami, mas depois da crise gigantes como a CompUSA, que ficava na Quinta Avenida, e a Circuit City fecharam. A única varejista que sobrou foi a monumental Best Buy, que, apesar de não parar de crescer, tem um péssimo atendimento. Uma opção para os mais descolados é comprar produtos pela Amazon e mandar entregar no hotel, pois a variedade de produtos diminuiu junto com a concorrência, sobrando poucas opções de lojas e preços.

Adorama. Essa loja pertence aos primos da B&H. Não é tão grande nem tão famosa, mas vende bons equipamentos fotográficos por bons preços. Suas máquinas também podem ser sofisticadas, com marcas como Pentax e Canon. A loja também vende produtos usados, que às vezes saem mais baratos do que na própria B&H. Uma diferença crucial entre as duas é que a B&H tem mais variedade e o preço costuma ser melhor, mas é mais longe e o serviço é mais demorado.
42 W. 18th St., nr. Fifth Ave. – www.adorama.com

Apple. Não há muito a falar da melhor marca de eletrônicos do mundo, tampouco de seu criador, pois todos já sabem tudo sobre a Apple e sobre Steve Jobs.
A loja para fazer compras é a Apple localizada em frente ao Central Park, que funciona 24 horas. Sempre vou até lá após a meia-noite, quando fica relativamente vazia.
Não se preocupe se estiver circulando e alguém te oferecer a máquina de cartão de crédito para fazer o pagamento:

SHOPPING

isso é feito para diminuir a fila no caixa. Você passa o cartão e pega diretamente seu produto – o máximo em marketing e agilidade.

103 Prince St., nr. Greene St. – 767 Fifth Ave, nr. 59 St. (24 horas) – 1981 Broadway at 67th St. – www.apple.com

Best Buy. A mais famosa loja de equipamentos e gigante do setor engoliu quase todas as concorrentes após o fechamento da CompUSA e da Circuit City. Entretanto, ela não dá o valor devido ao cliente, pois seus vendedores não são muito atenciosos e são pouco preparados para dar explicações sobre os produtos.

Na loja, há TVs, computadores, máquinas fotográficas e equipamentos, mas com pouca inovação. Geralmente os produtos expostos são os que mais vendem e as variedades você encontra no site de compras. Por isso, sugiro que passe antes nas concorrentes, se for comprar uma máquina ou filmadora. A seção infantil possui um bom acervo de jogos eletrônicos a um bom preço.

SHOPPING

529 5th Ave. – 52 E. 14th St. (Union Square) – 1280 Lexington Ave. – 622 Broadway nr. Houston St. – 1880 Broadway nr. 62nd St. – 60 W. 23rd St. – bestbuy.com

B&H. Um quarteirão inteiro dedicado a fotografia com dezenas de opções. Além de venderem máquinas fotográficas e equipamento – novos e usados –, de revelarem suas fotos e de fazerem consertos, ainda entregam suas compras em todo o mundo, inclusive no Brasil, com atendimento em português. A loja tem dezenas de vendedores, a maioria bilíngue, e são todos judeus hassídicos. Geralmente os funcionários não são muito educados nem muito pacientes com os clientes, mas quando encontramos um brasileiro, aí, sim, ele é simpático e educado. É comum encontrar uns três ou quatro vendedores brasileiros, identificados com plaquinhas ou broches que informam sua nacionalidade. Os doces e as bebidas gratuitas oferecidas são muito bons, além de haver serviço de caixa eletrônico dentro da loja. Alguns hotéis dão aos hóspedes um cupom de até US$ 15 para compras; verifique no hotel em que estiver hospedado se há o cupom – informe-se na portaria ou com seu guia. Pelo fato de todos os funcionários serem religiosos e seguirem a tradição judaica, nas sextas-feiras a loja abre apenas das 9h ao meio-dia e fecha aos sábados. *420 Ninth Avenue, at 34th St – www.bhphotovideo.com*

Brookstone. Essa é uma das lojas mais criativas de Manhattan. Seus produtos, embora quase todos vindos da China, têm um "it" a mais. Há cadeiras massageadoras, lanternas que não precisam de pilhas,

travesseiros em forma de coração, relógios e acessórios para iPod, máscaras para olhos (US$ 10 a US$ 50), vários massageadores manuais, que variam de tamanho e potência – um espetáculo! –, ideais para quem sofre com dores nos ombros; os preços não passam de US$ 200.
John F. Kennedy International Airport Terminal 9 – LaGuardia Airport Concourse D – 30 Rockefeller Plaza Concourse Level – www.brookstone.com

Hammacher Schlemmer. Aberta desde 1848 em Nova York, a empresa sempre se destacou por inovações e invenções. Em 1930, lançou uma torradeira elétrica e um rádio portátil e já vendia suas mercadorias por catálogo. Em 1948, lançou uma vassoura elétrica e, em 1971, um telefone sem fio. Em sua loja, encontramos a interessante Bavarian Electric Touring Bicycle (US$ 10 mil), o skate elétrico (19 MPH Street Skateboard, US$ 550) e um relógio que projeta a hora no teto (Projection Alarm Clock and Weather Monitor, US$ 79). A visita à loja é obrigatória para os que gostam de novidades tecnológicas e bugigangas que não existem em nenhum outro lugar.
147 E. 57th St., at Lexington Ave. – www.hammacher.com

RadioShack. Uma tremenda rede de eletrônicos. Na loja também há tomadas, fios, materiais elétricos, brinquedos, carrinhos com controle remoto de vários tamanhos e seus respectivos acessórios.
Uma sugestão é a compra de cartão telefônico e algum aparelho celular de cartão. Costumo fazer isso e já sair da loja com o aparelho habilitado para falar com minha esposa durante a viagem e para ligar para o Brasil. Nesse

SHOPPING

caso, você pode comprar um cartão de US$ 10 para o celular e um cartão telefônico na farmácia para fazer ligações internacionais. Com essa irrisória quantia, você pode perfeitamente ligar de graça para o telefone de sua esposa e falar por quase cinco horas com o Brasil, dependendo da promoção da companhia telefônica. As ligações são muito mais baratas do que as de qualquer companhia brasileira, tanto que alguns brasileiros insistem em habilitar seus aparelhos nos Estados Unidos quando viajam.

As companhias telefônicas autorizadas para venda na Radio são as mais famosas, como Virgin Mobile e Sprint.
Os principais endereços entre as mais de quarenta lojas:
866 Broadway – 521 Columbus Ave. – 240 W. 72th St. – 49 Seventh Ave. – 1251 Lexington Ave. – 901 Sixth Ave. – 9 Broadway – 205 W. 23rd St. – 50 E. 42nd St. – 1668 First Ave. – 114 Fulton St. – 925 Lexington Ave. – 781 Broadway – 940 Third Ave. – 7 E. 14th St. – 641 Sixth Ave. – 625 Eighth Ave. – 2812 Broadway – 1477 Third Ave. – 528 Fifth Ave. – 2697 Broadway – 280 Broadway – 1721 Broadway – www.radioshack.com

SHOPPING

Sony. A loja da Sony vende laptops, telefones, computadores, TVs, PlayStation, máquinas fotográficas e acessórios. O gostoso dessa loja é o espaço interno do prédio, com luz natural, Wi-Fi gratuito, mesas e cadeiras para ficar o dia todo sem ser perturbado e ainda tomar um delicioso café da Starbucks.
550 Madison Ave. at 55th St. – sonystyle.com

SHOPPING

LIVRARIAS

Barnes & Noble. A maior rede de livrarias do planeta, onde você encontra livros, revistas, CDs e DVDs. Não existe sensação igual a de entrar nessa loja, pois há todos os tipos de livros. Além de inúmeras promoções, a rede possui um cartão que custa apenas US$ 25 e, com ele, você obtém descontos em suas lojas físicas ou pelo site, que também faz entrega no Brasil sem custo algum.

No interior de toda Barnes, há sempre uma cafeteria da Starbucks com rede wi-fi gratuita. A loja também vende o nook de 7 polegadas, o leitor colorido de livros e revistas, por US$ 249. Esse produto veio para concorrer com o similar da Amazon, que custa a metade do preço, mas não tem a tela colorida.

As lojas da rede têm um bom espaço infantil (em especial o da Union Square, que ocupa quase um andar inteiro).

150 E. 86th St – 2289 Broadway – 33 E. 17th St. – 160 E. 54th St. –555 Fifth Ave. – 97 Warren St. – www.bn.com

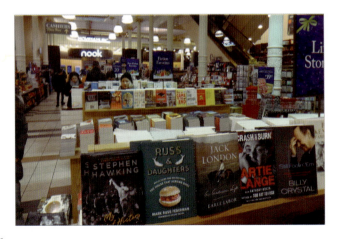

Strand Bookstore. O maior sebo da cidade, fundado em 1927. São dois andares com livros usados e muitos exemplares raros, que fazem da loja um ícone. São vendidas até camisas e bolsas com sua logomarca. Para quem gosta de Moleskine, a casa oferece alguns modelos, e nada é caro nessa livraria.
828 Broadway, at 12th St. – www.strandbooks.com

Taschen. A livraria perfeita para quem gosta de livros de arte, nus e fotografia. Seus livros são todos de alta qualidade e muito bem acabados, e a livraria ainda se dá ao luxo de vender barato. No Brasil, temos boas traduções, mas infelizmente há poucas opções.
Dentro dessa pequena livraria, há uma pintura na parede feita pela famosa brasileira Beatriz Milhazes.
107 Greene St., nr. Prince St. – www.taschen.com

The Scholastic Store. A livraria perfeita para seus filhos. Na loja, encontramos um ônibus para as crianças entrarem e se fantasiarem, o espaço é enorme e há centenas de livros infantis. Nenhuma outra loja no mundo possui tamanha quantidade e variedade, de forma que a visita é única e obrigatória. Possui também brinquedos, DVDs, CDs e jogos.
Às terças e quintas-feiras, por volta das 11h, contadores de histórias se apresentam.
557 Broadway, nr. Prince St. – www.scholastic.com

SHOPPING

PAPELARIAS

A cidade é cheia de opções de papelaria e lojas especializadas em papéis, canetas, cartões e agendas. Selecionei as melhores e mais conhecidas, aquelas que visito sempre que vou a Nova York.

A.I. Friedman. Mais uma loja com tradição. A papelaria A. I. Friedman foi aberta em plena crise da Bolsa de Valores, em 1929. Tem tudo para escritório, lápis de várias origens, luminárias, canetas, materiais para desenho e para arquitetos. Para quem gosta, é um paraíso gastar o tempo olhando as canetas, os cadernos, as borrachas e dezenas de outros materiais similares, embora a loja também tenha um setor de vidraçaria. É mais cara do que as concorrentes.
44 W. 18th St., nr. Sixth Ave. – www.aifriedman.com

Fountain Pen Hospital. A loja de canetas é referência de Bill Cosby, pois ele ama o local e também é um grande colecionador. Aqui você encontra todas as grandes marcas para colecionadores, além do chamado "price guarantee". O nível do atendimento é bom, e os funcionários são bem preparados para ajudar o cliente a escolher a caneta ideal para seu poder aquisitivo. Gosto de comprar minhas Mont Blanc neste local, pois acho que é o melhor preço da cidade.
10 Warren St. – www.fountainpenhospital.com

Hallmark. A loja mais conhecida do mundo por seus cartões de Natal. Entretanto, não só de cartões vive a Hallmark: há também artigos para festa e acessórios, como brindes personalizados e muitas lembrancinhas. Sua principal referência é a venda de produtos do adorável Snoopy.

A empresa foi fundada em 1918 por dois irmãos e confeccionava cartões de Natal. Depois, passaram a fazer cartões de outras datas comemorativas, papéis para presente, e a loja não parou de crescer e criar. Hoje em dia, são mais de 20 mil modelos diferentes de cartões criados por ano, em quase todas as línguas, e mais de mil pontos de venda. A empresa também é dona da marca Crayola.

A Hallmark já foi processada por Paris Hilton e por Neil Armstrong pelo uso indevido de suas frases. O astronauta americano acusou-a de usar a frase "Um pequeno passo para o homem e um grande passo para a humanidade" em cartões de Natal. O processo terminou com um acordo extrajudicial.

30 Rockefeller Plaza – 901 6th Ave. – 820 2nd Ave. – 625 8th Ave. – www.hallmark.com

Kate's Paperie. A papelaria mais legal de Nova York e a de mais alto nível. Nela você encontra diversos tipos de papel, incluindo inúmeros papéis artesanais, dezenas de lápis e canetas, agendas, lembrancinhas, cartões de presentes com diversos temas. Se a Kate's Paperie fosse um carro, seria um Mercedes-Benz.

188 Lafayette St., nr. Broome St. – www.katespaperie.com

Paper Presentation. A loja mais interessante de cartões de festividades, como aniversário, Natal, casamento e Hanukkah. Oferece também calendários, fitas para

SHOPPING

embrulho, presentinhos, papéis multicoloridos e temáticos, envelopes de todos os tipos e tamanhos, adesivos e muitos modelos de Moleskine. Para quem gosta de papelaria, essa parada é obrigatória.
23 W. 18th St., nr. Sixth Ave. – www.paperpresentation.com

Papyrus. Mais uma rede com quase vinte lojas por toda a cidade. Entre seus produtos, estão dezenas de cartões comemorativos, agendas, fitas, papéis e mais papéis, canetas e muitas novidades fúteis e deliciosas para serem compradas por impulso.
1380 Madison Ave., nr. 96th St. – 753 Broadway, nr. 8th St. – 209 Columbus Ave., nr. 69th St. – 11 W. 42nd St., nr. Fifth Ave. – 940 Broadway, nr. 22nd St. – 107 E 42nd St. – 233 Broadway, nr. Park P – 73 Spring St., nr. Crosby St. – 400 Park Ave., nr. 54th St. – www.papyrusonline.com

Staples. Maior loja de materiais de escritório do mundo, com quase duas mil lojas em vários países. Vende todo tipo de material de escritório e, para as crianças, centenas de modelos de canetas, lápis, canetinhas, apontadores, borrachas. Além disso, você encontra mesas, cadeiras, impressoras, máquinas fotográficas, filmadoras. É possível fazer brindes corporativos e impressões levando apenas o pen drive.
Semanalmente é publicado um folheto com descontos, por meio do qual é possível fazer ótimas compras de impressoras, computadores e máquinas fotográficas, muitas vezes com uma grande diferença de preço em relação à gigante em eletrônicos, a Best Buy.
442 Fifth Ave. – 500 Eighth Ave., nr. 35th St. – 425 Park

Avenue – 675 Third Ave. – 5-9 Union Square West, nr. 15th St. – 16 E. 34th St., nr. Madison Ave. – 1755 Broadway – 2248 Broadway, nr. 81st St. – 217 Broadway, at Vesey St. – 1280 Lexington Ave. at 86th St. – 105 W 125th St. – www.staples.com

SHOPPING

FUMO

Club Macanudo (bar e restaurante). Um lugar perfeito para curtir seu charuto, tranquilo e com bons frequentadores. O local mistura muita gente rica e outros menos afortunados, mas o que importa é fumar um charuto, comendo bons pratos e sanduíches. Embora o ambiente seja descontraído, a casa possui regras e lá não se entra de jeans e tênis. O Club Macanudo abre ao meio-dia e vende charutos a preço médio (um Cohiba Black, por exemplo, sai a US$ 25).
26 E. 63rd St. at Madison Ave. – clubmacanudonyc.com

Nat Sherman. A tabacaria Nat Sherman foi inaugurada em 1930 e reinaugurada em um novo espaço, que é muito melhor. São quase 600 m^2 distribuídos em três andares ricamente decorados com madeira – um luxo. O terceiro andar é exclusivo para os sócios, que guardam seus charutos por lá pagando uma taxa em torno de US$ 1,2 mil por ano. Vale a pena entrar na loja para dar uma olhadinha em seus cigarros e charutos, que são de boa qualidade e muito bem feitos. Alguns dos charutos são da República Dominicana, todos de qualidade premium. Uma sugestão é o Nat Sherman Series 1400, edição comemorativa do início da empresa, e os modelos Double Corona, Omerta e Palma Grande.

Os cigarros tampouco ficam atrás. Há os mentolados, aqueles coloridos que nossas mães colocavam em caixas sobre a mesa nos anos 1970. Na verdade, a loja é um festival que deve ser conferido até pelos não fumantes.
12 E 42nd St. (between 5th Ave. & Madison Ave.) – www.natsherman.com

LOJAS ESPECIAIS 🎁

30th Street Guitars. Uma enorme loja de guitarras, com muitos acessórios, muita variedade e muita gente fazendo suas compras.
236 W. 30th St., nr. 7th Ave. – www.30thstreetguitars.com

Forbidden Planet. Pôsteres, brinquedos, camisas e revistas em quadrinhos: tudo sobre esse tema você encontra nessa loja. Os preços não são altos nem baixos, são os cobrados regularmente por esse tipo de produto. Com certeza, é uma loja adorada por muitos, pois vive cheia de compradores e curiosos. A coleção de Pokémon é enorme.
Se você gosta de *comics*, esse é um dos lugares para visitar, pois a coleção disponível é incrível.
832 Broadway – www.fpnyc.com

J. Levine Co. Books & Judaica. A loja judaica mais kitsch de todas as que conheci e a mais saborosa. Com mais de 120 anos de existência, é muito prática, permite que você encontre tudo o que precisa sem pedir ajuda. Há dezenas de livros, brinquedos temáticos, velas, pratos para chalá e tudo para os rituais judaicos, com um atendimento simpático.
Os que não entendem os objetos com dizeres em hebraico podem, sem vergonha alguma, pedir ajuda. Prontamente, todos terão o maior prazer em atender. Não é à toa que a loja está aberta desde 1890.
5 W 30th St. – www.levinejudaica.com

SHOPPING

Supreme. Uma loja voltada para os fãs de skate. Há inúmeros acessórios para quem pratica o esporte e também para quem gosta de hip-hop.

O preço, no entanto, é para turistas, talvez por causa da localização e da fama que acabou acompanhando seu estilo não casual. O atendimento não é dos melhores, o que às vezes leva o cliente a desistir da compra.

Em agosto, começa uma liquidação de alguns itens escolhidos pelo proprietário. Infelizmente, não é a loja inteira que entra em liquidação, como a maioria das redes.

274 Lafayette St., nr. Prince St. (between Jersey St. & Prince St.) – 121 Wooster St. – www.supremenewyork.com

The Evolution Store. Vende tudo relacionado ao mundo animal – fósseis, carcaças de animais, borboletas, animais empalhados, insetos, roedores, peixes. Todos eles envoltos em resina ou empalhados. É a loja mais criativa desse setor e é obrigatório levar seu filho, mesmo que não compre nada, pois olhar os produtos é uma aula.

Encontrei vários crânios de animais, dentes de tubarão, carcaças de insetos, conchas e corais. Os preços são diversos, por exemplo, um jacaré empalhado sai por US$ 10 mil, uma cobra empalhada e crânios reais de seres humanos custam a partir de US$ 995. Para levar os crânios, no entanto, é necessário preencher um formulário específico.

Há também diversas pedras, inclusive meteoritos vendidos como pingentes.

120 Spring St. (between Mercer St & Greene St) – www.theevolutionstore.com

SHOPPING

OUTLETS E SHOPPINGS

Grand Central Terminal. Mais do que uma estação de trem, construída em 1914, é um minishopping center. Além de ter o melhor restaurante de ostras e crustáceos de Nova York, o Oyster Bar & Restaurant, possui um mercado de laticínios e queijos, chamado Murray's Cheese, além de frutas e outras iguarias sempre de ótima qualidade. Entretanto, o que interessa são as lojas como Banana Republic, Kenneth Cole, Li-Lac Chocolates, L'Occitane, MAC Cosmetics, Magnolia Bakery, Mendy's Kosher Delicatessen, Michael Jordan's The Steak House NYC, Murray's Cheese, New York Transit Museum Gallery & Store, O & Co, Origins, PIQ, Rite Aid, Starbucks, Swatch e Tumi.
89 E 42nd St. – www.grandcentralterminal.com

Jersey Gardens. Esse shopping, com muitos outlets (Abercrombie, Aldo, H&M, Nautica, Old Navy), fica fora de Manhattan e também é uma boa opção de compras. Você pode chegar a ele pegando o ônibus 111, que sai de Port Authority e que também passa na loja de móveis Ikea, por um pouco mais de 5 dólares.
Se você quiser economizar, dá para pegar um ônibus de graça para a Ikea no sábado ou no domingo e ir a pé até o Jersey Gardens, numa caminhada de mais ou menos 15 minutos, e você ainda encontra uma Toys "R" Us pelo caminho.
651 Kapkowski Road – www.jerseygardens.com

Manhattan Mall. O minishopping tem uma enorme J. C. Penney, que ocupa um andar inteiro. Subindo a escada

SHOPPING

rolante, há mais dois andares, onde estão a Victoria Secret, uma Toys "R" Us – que não tem brinquedos de boa qualidade, mas bem mais baratinhos e muitas sobras –, Express, Aeropostale e outras lojas sem destaque em especial.
100 W 33rd St., at Sixth Ave. – www.manhattanmallny.com

Rockefeller Center. Esse magnífico conjunto de prédios com salas comerciais e lojas foi construído pelo bilionário e visionário John D. Rockefeller. Lá você encontra restaurantes como Chipotle, Così, Dean & DeLuca, e lojas como Anne Fontaine, Banana Republic, The Body Shop, Longchamp, Brookstone e a casa de leilão Christie's, onde você pode entrar sem problema algum para ver o que está exposto. Dependendo do dia, pode haver violinos, armários, joias, coleções de canetas, e você consegue até assistir a um leilão. No Rockefeller, você também pode fazer compras na Cole Haan, Façonnable, Coach, L'Occitane, The Metropolitan Museum of Art Store, NBC Experience Store, Pylones e Swarovski.

Ao caminhar pelos prédios, repare que ainda há lojas na parte de trás e do outro lado da rua, pois elas não ficam apenas no primeiro quarteirão, seguindo todo o complexo de prédios.
Rockefeller Plz. at 50th St.

Secaucus Outlets. Esse outlet é confuso, e as lojas não possuem a variedade do Woodbury Common Premium Outlets, embora sejam bem baratas. O espaço é enorme e tem muitas lojas, mas não se trata de um shopping. Atualmente anda até mais vazio devido à concorrência.

Fica a quase duas horas de distância de Manhattan, em Meadowlands, perto do MetLife Stadium. Para chegar lá vá até a estação de Port Authority (42nd St. & Eigth Ave.) e pegue o ônibus 129.

Existem promoções de hotéis para você fazer as compras e se hospedar por uma noite com transporte garantido por até US$ 99, como no Crowne Plaza *(201 348-6900)*.
55 Hartz Way – www.harmonmeadow.com

Time Warner Center. Luxo, luxo e luxo! É assim que começo definindo esse grandioso complexo que custou US$ 1,7 bilhão para ser construído. O local é imperdível não só pelas lojas e restaurantes, mas pelo visual interno. De lá, é possível ver o Central Park e o movimento da rua. Acima do shopping está o cinco estrelas Mandarin Oriental Hotel, que possui um dos melhores spas do mundo. O bom é que você não precisa estar hospedado para gastar um pouco mais de US$ 500 e ter um dia de princesa ou príncipe.

Também dentro do complexo fica o imperdível Whole Foods Market, onde se compra de tudo em termos de alimentos orgânicos e com seleções especiais de frutas e "belisquetes".

Se você está viajando apenas para fazer compras, não vale a pena ir até lá, pois as lojas são as mesmas da Quinta Avenida e da Broadway, como Aveda, Coach, J. Crew, L'Occitane, Sephora, entre mais de 50 outras. Vale a pena olhar o design fabuloso da construção e a vista sem fim, que pode ser admirada do saguão do hotel.
10 Columbus Circle – www.shopsatcolumbuscircle.com

SHOPPING

Woodbury Common Premium Outlets. É de ônibus que se chega lá, partindo da rodoviária de Port Authority. Esqueça essa bobagem de alugar limusine ou contratar um motorista particular. Vá à rodoviária, pegue o ônibus e leve uma mala pequena de rodinhas para colocar suas compras. Esse procedimento é adotado pela maioria dos turistas que vão fazer compras nesse local.

Pegar o ônibus é simples: basta ir à estação de Port Authority (42nd St. & Eight Ave.) e comprar o bilhete no terceiro andar para o New Transit Bus 311 ou 115, por US$ 42 ida e volta (*road trip*). A viagem demora menos de uma hora e você nem sente o tempo passar tamanha a excitação. Ao comprar a passagem, você ganha um livreto com descontos, podendo usá-lo em todas as lojas selecionadas. A volta é como a ida: o ônibus sai de 15 em 15 minutos, e o último sai quase às 20h, quando o outlet está fechando – informe-se para não perder o ônibus, pois isso seria uma grande dor de cabeça.

Quase todas as lojas de New York têm pontos de venda nesse outlet, com raras exceções.

Se possível, cadastre-se antes no site <www.premiumoutlets.com> para receber descontos e informações sobre promoções. Às vezes, por um dia a mais ou a menos, você perde grandes promoções.

Algumas lojas: Zegna Outlet Store, Polo Ralph Lauren, Prada, Puma, Ralph Lauren, Tommy Hilfiger, True Religion, Lacoste, Jimmy Choo, Tod's, Bottega Veneta, Coach e Coach Men, Gucci, Crate and Barrel, Le Creuset, La Perla, além de uma praça de alimentação.

Datas das principais liquidações: *FEVEREIRO President's Day Sale 18-21 de fevereiro ABRIL VIP Shopper Club*

Exclusive Event 16 de abril-17 de abril MAIO Memorial Day Weekend Sale 27-30 de maio JUNHO 30 de junho-4 de julho JULHO Volta às aulas e venda preview outono 28 de julho-1 de agosto SETEMBRO Labor Day Weekend 2-5 de setembro OUTUBRO Columbus Day 7-10 de outubro NOVEMBRO Pós-venda de semana após e Midnight Madness 25-27 de novembro DEZEMBRO Vendas após o Natal – 26 de dezembro-2 de janeiro.

SHOPPING

LEILÕES

Christie's. É minha casa preferida de leilões depois da minha – a Schulmann Leilões, no Brasil. Fundada em 1766, a Christie's é mais simpática e mais acessível do que a concorrente Sotheby's, por estar no Rockefeller Center. Pela localização, fica fácil dar um pulinho lá e comprar um catálogo ou visitar uma exposição.

É um lugar interessante para levar os filhos, já que pode ser encarado como um museu gratuito e interativo – com a diferença de que as peças vistas irão para a casa de alguém (ou mesmo para a sua).

Há também programas sobre artes e o mercado de arte *(mais informações pelo telefone 212-355-1501)*.
20 Rockefeller Plz. (Rockefeller Center) – www.christies.com

Sotheby's. Uma das mais antigas e geniais casas de leilão do mundo, aberta desde 1744 e arquirrival da Christie's. Promove leilões quase diariamente com uma variedade incrível de objetos, de canetas até obras de arte de milhões de dólares – como *Dora Maar au Chat,* do pintor Pablo Picasso, vendida em 2006, e a escultura de Alberto Giacometti vendida por US$ 19,34 milhões.

Qualquer um pode entrar na Sotheby's, participar dos leilões e apreciar as peças, esculturas ou espólios que serão leiloados na semana seguinte. Você também pode adquirir os lindos catálogos vendidos no estabelecimento, visitar o andar superior, onde há um café, e apreciar o vaivém de investidores ávidos pelos leilões, ou ir ao showroom de joias, no sexto andar.
1334 York Ave., at 72nd St. – www.sothebys.com

Visite nosso site e conheça estes e outros lançamentos

www.matrixeditora.com.br

Tô indo para a França
Autor: Márcio Jardim

Esse é um livro perfeito para você que gosta de viajar. Misto de guia e diário de viagem, mostra como conhecer a França, com ênfase em Paris, usando muito bem o seu dinheiro, para ver o que o país tem de melhor e fazer uma viagem com muito mais segurança. Prepare a leitura e as malas. A viagem está só começando.

Rio de Janeiro com as crianças
Autora: Giovanna Mazetto Gallo

O Rio de Janeiro é uma cidade de encantos mil. E de opções infinitas para as crianças, que vão, é claro, se deliciar com as praias e os famosos pontos turísticos, mas que poderão também se divertir, se encantar e aprender com os diversos parques, praças, museus, teatros, centros culturais, cinemas e tantas outras opções de passeios. Prepare as malas. E curta a Cidade Maravilhosa atração por atração.

¿Vamos a charlar?
Autor: Paulo Tadeu

¿Vamos a charlar? é um livro em forma de caixinha com 100 perguntas para bater papo em espanhol. Um jeito divertido de aprender ou desenvolver essa língua cada dia mais importante em nossa vida.